SKÅNE

CLB 1650
©1987 Colour Library Books Ltd.,
  Guildford, Surrey, England.
Printed and bound in Barcelona, Spain by Cronion, S.A.
All rights reserved
ISBN 0 86283 503 8

SKÅNE

Text by
Ivor Matanle

COLOUR LIBRARY BOOKS

The Timeless Pleasure of Skane

1 Good Food and Time to Spare in the Granary of Sweden

There are three agreeable characteristics of Sweden's southernmost province which impress themselves upon most visitors within a day of their arrival in Skane. The first is the leisurely, friendly, open and fun-loving way of life of the people of this beautiful and richly fertile part of Sweden. Until 1658 a part of Denmark, only two miles or so across the Oresund from Helsingborg, Skane has retained a distinctly Danish flavour. Many of the people speak with a Danish intonation and emphasis and enjoy a typically Danish, carefree approach to life's problems which contrasts with the quieter, more reflective and sometimes more austere attitudes that are prevalent further north.

Then there is the sheer variety of the scenery, ranging from rocky coastline to sandy beaches, from rolling golden wheatfields to unplanted grassy hillsides and from picturesque houses amidst tiny villages to magnificent chateaux set in woodland by some of Sweden's many lakes. The towns and cities of Sweden are smaller and more intimate than those of other, more populous countries, and this seems especially true in Malmo which, despite its being Sweden's third largest city, retains the convivial atmosphere of a market town.

The third and, to those of us who enjoy good food, most abiding immediate impression of Skane is the preoccupation with the gastronomic arts that pervades social and business life throughout the province. There are more restaurants per head of the population in Malmo than in any other Swedish city, and the quality and variety of the food in hotels and restaurants throughout Skane is sufficent reason for a visit even if one were oblivious to the scenery. The Smorgasbord of even quite modest inns and hotels will extend to as many as a hundred and fifty different dishes, set out with quite startling visual effect upon beautifully clean tables. The visitor who enjoys fish and seafood will find himself on a voyage of discovery through myriad varieties of pickled, salted and raw fish, shrimp, salmon and eel, and those whose taste is more attuned to red meat can enjoy smoked rheindeer, sausages in profusion, even spectacularly spicy meatballs. The list is extensive – but do not miss the Spettekaka, a cake baked with eggs and sugar.

If all that good food has not caused total immobility, you might visit some of the more than two hundred castles and manors which remain from the days of Danish rule, scattered throughout the province and many open to the public. Or you might try a little coastal fishing or swimming, or visit the countless tiny lanes which take you into the real countryside of Skane, miles from the beaten track. The Public Right in Sweden gives everyone the right of access to the countryside, and Swedes and visitors alike have the right to remain on other people's land (with the exception of the 'private plot', or land immediately around a house) if they show consideration and ensure that no damage occurs. Travellers may erect a tent for 24 hours anywhere, provided that the land is not used for agriculture and is not close to a house. Fishing in the sea needs no permit, but fishing in lakes or water courses requires a licence, and hunting is not permitted. If you are interested in obtaining a fishing licence, ask at the local Tourist Office.

All this freedom to enjoy the countryside is, in a sense, a reflection of the immense changes that have occurred in Swedish society, in Skane as much as in most other provinces, since the turn of the twentieth century. Sweden has shifted dramatically from being predominantly an agricultural country to being one of the greatest industrial nations of the western world. A century ago, 75% of the Swedish population was employed in, or was dependent on, agriculture. In 1948, the percentage was down to 28%. In the 1980s, only 5% of the population earn their living from the land. Not surprisingly, therefore, a large proportion of Sweden's 8.3 million people live in the cities and towns. For climatic reasons, the extreme north of the country being within the Arctic Circle, the great majority of Swedes live in the southern half of the country, and Skane has a population (1983) of just over a million in an area of 10,939 square kilometres – less than 3% of Sweden's land area occupied by 12% of the population. Yet, despite this, the density of population in Skane is many times less than that in most European countries, and to visitors the province seems almost devoid of people for much of the time.

Because the great drift from the land has been so recent, most of those million inhabitants are only a generation or two removed from the rural life after which most still hanker. As soon as the opportunity offers, the country-loving urban Swedes of Skane are back to the countryside, walking, cycling, sailing, or just resting amidst the scenic delights of one of the most attractive areas of Sweden. Perhaps because of the agreeable feeling of space to spare, which seems to affect the wildlife every bit as much as the people, Skane is teeming with wild creatures, and walking or simply watching in the fields and woods is unusually rewarding.

Skane extends from the Bjare peninsula in the northwest, where beautiful beaches look out upon the Kattegat, eastwards to the borders of the province of Bleckinge in the east and Smaland to the north near Lonsboda. From there, the line dividing Skane from Bleckinge goes south to the Baltic coast southeast of Bromolla. The entire coastline from there, around the southern coast of the country to Malmo and back up along the Oresund to Landskrona, Helsingborg and Hoganas is one of the joys of the province. This book will divide Skane into four, and will describe and illustrate some of the delights of northwest, southwest, southeast and northeast Skane in turn. But first, let us look at a little of the exciting and varied past which has contributed so much to the unique character of Sweden's Southland.

2 How the South was Won

A glance at the map of Scandinavia demonstrates clearly the strategic importance of the southern part of Sweden in the days of foot soldiers and sail. Only the southern part of the country has sea on both sides – the Kattegat, a part of the North Sea, to the west and the Baltic to the east. Without the coastline of the Swedish province of Halland (Bohuslan belonged to Norway) on to the Kattegat south of the Norwegian border, the Sweden of the early seventeenth century would have been totally dependent upon Denmark for trade access to the open sea. For it is only through the Oresund, the narrow strait between Zealand, upon which Copenhagen stands, and the coast of Skane, that ships from Stockholm and other ports of the Baltic could realistically expect to reach the North Sea. Since Skane was a part of Denmark until the mid-seventeenth century, and was gained for Sweden only by an unforseeable stroke of military brilliance, Sweden clearly needed access to the North Sea without Danish approval, and it was this fact that led to the foundation of the city of Gothenburg at the mouth of the Gota in 1630. Established with the help and finance of Dutch merchants and engineers, Gothenburg was built as both a trading and a strategic venture and succeeded in both objectives, ironically reducing Sweden's strategic need for Skane only a few years before King Karl X took the province and made it a part of Sweden.

But let us first go a little further back in time, when the Vikings roamed east and west and became a byword for terror wherever they plundered. The Viking age in Scandinavia, from about 800 AD to 1050, was fierce and bloody, and there was great rivalry between the Vikings of the east and those of the south and west. The Swedish Vikings, unlike those of Denmark, travelled east in their voyages of conquest, taking Kiev and Novgorod in Russia and even reaching Constantinople, and the establishing of trade links brought to Sweden the civilising concepts of mediaeval Europe. Christianity gradually succeeded the pagan Norse religions and by the thirteenth century was the dominant religious force.

At the end of the thirteenth century, the Kalmar Union, named after Kalmar on the Baltic coast of Southern Sweden where it was signed, united in 1397 the three countries of Sweden, Denmark and Norway as Europe's largest (and potentially most powerful) kingdom under Queen Margareta of Denmark. Intended to be a unifying force for peace, the Kalmar Union became instead a source of discord. Queen Margareta died in 1412 and was succeeded by her great-nephew Eric. He interfered with the long-standing rights of the nobility, and involved Sweden in his disputes with the Hanseatic League of Northern Germany. The Swedes resented his actions and the power of Denmark and a revolt began in central Sweden in the early 1430s under one of the great working class heroes of Swedish history, Engelbrekt Engelbrektsson. He assembled in 1435 the first Swedish parliament or Riksdag, which, uncharacteristically for the age, included representatives of the burghers and peasants as well as of the nobility and clergy. The Riksdag elected Engelbrekt Regent of Sweden, and it was clear that the intention was to dissociate Sweden from the Kalmar Union. But it was not to be. Engelbrekt was murdered, the rebellion lost momentum, and, although Eric was forced off the Swedish throne, Sweden remained both a member of the Union and subservient to Denmark under the rule of a series of Regents until the sixteenth century.

In 1520, the last of the Regents, one Sten Sture the Younger, imprisoned the Archbishop of Uppsala, Gustavus Trolle. He sought revenge by persuading King Christian II of Denmark to invade Sweden and take personal control. Christian defeated Sture, entered Stockholm, and there accused of heresy and executed eighty-two nationalist leaders. The 'Stockholm Bloodbath', as this crime became known, resulted in popular revolt. Christian II lost control and in 1523 the leader of the rebels, Gustavus Vasa, then aged 27, was elected King of an independent Sweden. Joining with Frederick, Duke of Holstein, Gustavus Vasa defeated Christian II, who had been deposed by the clergy in favour of Frederick. By now, the war had left Gustavus deeply in debt and he recognised in the wealth of the Catholic Church, which had supported Christian II in the recent war, a solution to his problems. In 1527 the lands of the Church were confiscated, and the Reformation that led to the establishment of the Lutheran Church in Sweden was begun.

In 1544 Gustavus was strong enough to be able to proclaim that the Swedish throne would be hereditary in the House of Vasa, and when he died in 1560 he was succeeded by his son, Eric, who caused war with Denmark before becoming unbalanced and being in turn succeeded by his half-brother, John III, who tried to return Sweden to Catholicism. This added impetus to the movement to the Lutheran Church. After John's death, the Lutheran Confession of Augsburg was accepted in Sweden, and John's Catholic son Sigismund was deposed by John's Protestant brother Karl who ruled as Karl IX.

The seventeenth century in Sweden was a time of almost continuous war and of great monarchs. Gustavus Adolphus, who succeeded his father Karl IX in 1611, was the first Vasa king to go to war for the Protestant faith, playing a major role in the Thirty Years War in Germany against the Holy Roman Emperor in 1630 and 1631, when he defeated the Catholics at Breitenfeld. In 1632 Gustavus Adolphus was killed at the Battle of Lutzen, to be succeeded by his six-year-old daughter Christina, immortalised (with considerable historical inaccuracy, for Christina was not beautiful) by Greta Garbo in the film 'Queen Christina'.

Axel Oxenstierna, regent during Christina's minority, continued the war in alliance with France, and also invaded and conquered part of Denmark. By the Peace of Westphalia in 1648, Sweden acquired the whole of Western Pomerania and great trading influence in Germany, but by then Queen Christina ruled in her own right. A brilliant, eccentric and cultured woman, Christina gave Sweden for the first time the status of an international centre of learning and the arts. Philosophers and musicians flocked to her court, and she dispelled much of the warlike Viking character of the monarchy during the previous half century. Always a Quixotic and eccentric character, Christina renounced the throne in 1654 after secretly taking instruction in Catholicism from papal envoys summoned by her and disguised as diplomats. Thus the daughter of the founder of the Lutheran Church repudiated the Protestant faith and made a triumphal progress through Europe to be received in Rome. There she became a Catholic and paradoxically settled down to a life of orgy and excess which became a source of Papal embarrassment for the remainder of her life. Back in Sweden, her cousin became King Karl X and initiated a new era of originality in the practice of arms.

In 1655, Karl embarked enthusiastically upon an invasion of Poland, thus biting off a considerably larger problem than his army and exchequer could effectively chew. In a war of successive advances and retreats, Karl captured Warsaw twice, the second time fighting an epic battle that lasted three days, but his army was able to make little more progress. Poland's allies were beginning to take an interest in the strategic implications of Karl's activities, and the King became, by the summer of 1657, uncomfortably aware that this was a war he was unlikely to win. When King Frederick III of Denmark declared war on Sweden, Karl took his opportunity to attend to business elsewhere, and abandoned the project in Poland. Against all expectations of his opponents he forced-marched his entire army into Jutland, straight along the Baltic coast, and took the fortress of Frederiksodde where he seemed set to remain for the winter, which proved to be one of the coldest and hardest of the century.

So cold was it that the sea froze solid between the Danish islands and in January, encouraged by the reports of his engineer Erik Dahlberg, Karl led his army in one the most spectacular ventures in military history. The entire army, complete with guns, took to the ice and crossed the Little Belt between Jutland and the island of Funen with the loss of only two squadrons of cavalry and the king's sledge, which went through the ice to a watery end. A week later, they repeated the exploit over ten miles of ice to Laaland and were within striking distance of the totally defenceless Danish capital, Copenhagen. The dumbfounded Danes could do nothing but negotiate terms, and the resulting Peace of Roskilde proved to be the end of Danish power in Scandinavia. Under the treaty Denmark surrendered to Sweden the whole of Skane and Bleckinge plus the island of Bornholm, and Norway, controlled by Denmark, lost Bohuslan and Trondhjem. In the aftermath to the victory of Karl X, there were further treaties which brought about an end to virtually all hostilities in Northern Europe, and under these Bornholm and Trondjem were returned to Denmark and Norway respectively, leaving Sweden with the southern provinces she has retained to this day. The Danish control of the mouth of the Baltic was broken and, more important, Sweden had the rich cornfields of Skane with which to avert famine in the less fertile north. The Swedish Empire was now at its largest.

Unfortunately, Karl X found peace less than interesting, and decided in 1660 to attempt to take Denmark once and for all. He laid siege to Copenhagen, which was poorly garrisoned, but encountered unexpectedly heroic resistance from students and apprentices who held the city against all odds. As his problems mounted he contracted pneumonia and died, leaving a four-year-old son, Karl XI, and a Regent, Magnus de la Gardie. De la Gardie set about retaining the conquests and meeting the colossal costs of a half century of war. He did this in part by selling the Church lands confiscated by Gustavus Vasa, but had also to enter into a subsidy treaty with France. In return for funds, Sweden fought with France against Brandenburg and Denmark, and in the process lost the lands in Germany won during the Thirty Years War.

In 1697, Karl XII became king at the age of only fifteen years. He was to be the last Swedish king to rule over the Baltic empire, and was a colourful and historically controversial figure. Initially he was spectacularly successful, pushing Denmark out of the war and defeating the Russians. He then, in the modern jargon, pushed his luck by advancing deep into Russian territory in 1708-9 and suffered the fate of all generals who over-extend their lines of supply. His defeat led to an extended period of exile in Turkey, and ultimately to his death in battle in Norway in 1718.

The Years of Peace and Culture

The eighteenth century in Sweden saw Linnaeus creating the structure of modern botany by classifying the world's plants; Celsius pushing forward the frontiers of physics, and creating the Centigrade scale of temperature; Swedenborg rewriting much of the theoretical basis of scientific thought and method. The Royal Opera was founded by King Gustavus III towards the end of the century, and he also created the Swedish Academy to encourage Swedish culture and the Swedish language. Sweden became, as it had been under Christina, a distinct and recognisable force in European thought and discovery; a setter rather than a follower of fashion. Gustavus wrote plays in Swedish and was an enthusiastic patron of the opera, and it was he who, in 1792, was mortally wounded at the masked ball unwittingly to provide Verdi with inspiration for an opera.

Gustavus IV was but a shadow of his oustanding father and, in 1809, after Russia had been allowed to occupy Finland following Napoleon Bonaparte's Tilsit agreement with Tsar Alexander I, Gustavus was overthrown by the Swedish nobility, and his uncle Charles was put on the throne under a new constitution which greatly increased the power of the Riksdag. The new king had no children, so the estates of the Riksdag selected one of Napoleon's marshals, Jean-Baptiste Bernadotte, as heir to the crown, hoping that by so doing they would secure the help of the French in ejecting the Russians from Finland. Bernadotte arrived to take up the throne in 1810, and by 1812 had negotiated an alliance with Russia against his former country, France. The loss of Finland was compensated for by the acquisition of Norway from the Danes, who were in alliance with France, and in 1814 Norway became effectively a part of Sweden, a situation which continued until 1905.

Sweden had fought its last war, not only of the nineteenth century but also, probably, of the twentieth for, since the Napoleonic Wars, Sweden has succeeded in maintaining peace through a policy of stoic and often unpopular neutrality. During the nineteenth century, Sweden gradually recovered from war and debt, and a flourishing industrial and professional middle class with liberal and reforming ideas became a major force in the land. The second king of the House of Bernadotte, Oskar I, was responsive to ideas of liberal reform, and encouraged a free industry. In 1866, the old four-estate Riksdag was replaced by a bicameral parliament, and the foundation of the modern Swedish political system was laid – the present single-house parliament was created in 1971. The latter years of the nineteenth century were years of agricultural famine, and these years provided much of the momentum that was to bring about in the early years of the twentieth century a belated industrial revolution, by which the great majority of the population moved from the land to industry and technology.

That dramatic change caused the cities and towns to grow and the countryside to have greater agricultural demands placed upon it. Because Sweden is so long and narrow, and extends from north of the Arctic Circle south to approximately the latitude of the border between England and Scotland, it is the southern provinces of Sweden, particularly Skane, Vastergotland, Ostergotland and the areas around Lake Malaren west of Stockholm that have borne the brunt of agricultural development. It has to be remembered that only a relatively small part of Sweden is suitable for economic cultivation – the total farmed in 1983 was only 8% of the country's land area. Even in the south, not all the provinces are capable of being farmed effectively. Smaland, for example, is almost entirely covered with coniferous forests and only 3% of its area is under cultivation. Skane, by contrast, is 80% under the plough.

Of course, the key word in the description 'economic cultivation' is 'economic'. During the twentieth century, despite (or because of) the pressure for higher agricultural productivity, vast areas of land have ceased to be cultivated in parts of the country where its profitability was marginal, and where as a result the lure of high industrial wages was irresistible. Between 1960 and 1975 alone, almost 1 million acres were withdrawn from cultivation. The effect has been to create a country where agriculture is as specifically zoned as heavy industry. Although the importance of cereal crops should not be underestimated, particularly in Skane, an idea of the prevalence of the raising of livestock, particularly beef and dairy cattle, can be gained from the fact that approximately 75% of all arable farming in Sweden is concerned with the growing of fodder, mainly rotation grass.

The nature of modern Skane and the other southern provinces is, to a greater extent than is perhaps normal, the product of history. To that nature has been added in modern times a government policy of aiming for 80% self-sufficiency in food. Not for nothing is Skane known as the bread basket of Sweden.

To travel around Skane is to travel a country in miniature, for there are sub-regions and changes in scenery every few miles. The remainder of this book will take you in words and pictures to just some of the remarkable variety of places of interest, towns, natural wonders and beauty spots that make Skane a very special part of Sweden and, indeed, of Europe.

3 Northwest Skane. Forests, Rivers, Hills and Coast

The northwest of Skane is a paradise for lovers of the outdoor life, with many miles of walks, nature reserves rich in flora and fauna, unusual geological formations and endless opportunities for a huge variety of water sports. The rocky and always interesting coastline which stretches southward from the Bjare peninsula along Skalderviken Bay and the Oresund provides apparently endless beaches for bathing and plenty of sea-fishing. Inland, there are some of the most beautiful rivers and hills of Sweden linked by many miles of tiny lanes that are ideal for cycling or walking. In this northwest corner of Skane there are no less than ten fine golf courses and many other man-made leisure facilities, and art lovers will find much to interest them.

Bastad and the Bjare Peninsula

The Bjare peninsula, which juts out into the Kattegat to form the north shore of Skalderviken Bay, has an unusually varied topography because of the Halland Ridge (Hallandsas) along its northeastern coast. On the ridge there are rich pine forests which provide shady walks and picnic places while, quite nearby, there is heather-covered moorland populated with the birds of heath and moor.

The town of Bastad, home of the annual Swedish Open Tennis Tournament, is one of the most popular resorts along this coast with those who can afford the best. Nowadays something of a jet-setter's playground, Bastad is famous for its golf course and the tennis each July. One of the earliest areas of Sweden to become populated, Bastad and the surrounding peninsula has many ancient relics, including Viking rune stones and many earlier burial places. A short distance inland from Bastad is Malen, where it is possible to enter an 11th century burial mound which contains stones set up in the manner of a ship, and where there are a number of unusual and attractive old buildings.

The name Bastad originates from the time when Skane was Danish and comes from 'bostede', a word meaning 'boat-place'. Appropriately, not far from the town is the resort, once a fishing village, of Torekov. From here it is possible to take a boat trip to the island of Hallands Vadero. Sailing begins for the enthusiasts at Easter each year and there are courses in windsurfing all through the summer.

Angelholm – Centre for Ceramics and Holidays

Almost due south of Bastad and at the base of Skalderviken Bay is Angelholm, a town founded by King Kristian II in 1516 to replace an earlier mediaeval town named Luntertun vid Ronnebro, a little to the north of it, of which only the church ruins remain. The town itself is a holiday centre, with a magnificent sandy beach and a wealth of facilities for vacations including a marina, an ice rink, indoor swimming pools, a golf course, and an athletics track. Nearby is Klitterbyn, the Swedish Forestry Service's holiday village of attractive timber chalets. Angelholm is well-known as a centre for the manufacture of ceramics and for its unusual speciality in the making of ocarinas.

Somewhat inland and northeast of the town, but within the Angelholm District are two attractive lakes, Vastersjon and Rossjon, where there is fishing by permit and opportunities for sailing.

The Kulla Peninsula and Hoganas

The promontory which forms the southern shore of Skalderviken Bay is the Kulla Peninsula, at the western tip of which is the Kullen lighthouse, the brightest in Northern Europe. Perched high on the rocky shore at Kullaberg, the lighthouse provides a quite remarkable view of the Kattegat and the Oresund and is surrounded by birdlife likely to set an ornithologist's pulse racing. All along the peninsula there are attractive small harbours, and the whole area is extremely picturesque.

Travel south along the coast of Skane from the Kulla Peninsula, and you reach Molle, an attractive resort village and then Krapperup, which has a fine 13th-century castle which is well worth a visit. Hoganas, the principal town of this district, is set on a rocky coastline which attracts birdwatchers, rock-climbers and scuba-divers alike. The museum in Hoganas contains Sweden's finest collection of salt-glazed ceramics and 'Hoganas Yellow', and has a section on early mining techniques.

Helsingborg, Hamlet and all that

Further south, on the Oresund, two great castles face each other now as they did throughout centuries of strife, Helsingborg on the Swedish side and Kronborg at Helsingor, or Elsinore, on the other. Elsinore is, of course, the castle which features in Shakespeare's Hamlet, upon whose ramparts walked, according to the bard, the ghost of Hamlet the Elder. From the Karnan, or keep, at Helsingborg, one can obtain a fine view of the other great castle across the water, and one of the most notable sights of Helsingborg is the view across the almost three miles width of Oresund at night from Karnan of the illuminations of the Danish coastline of Sjaelland, which are sufficiently bright and continuous to be known as Queen Ingrid's necklace.

Helsingborg is some nine hundred years old, and is for many visitors to Skane the first sight they have of Sweden. For it is to Helsingborg that some 17 million travellers per year cross, many with their cars, from Helsingor on the ferries which run, in the summer, every seven minutes. Because of this constant international traffic, Helsingborg is a more cosmopolitan city than most others in Sweden, serving more international food and living in a hubbub of foreign languages.

Landskrona and the Island of Ven

Driving further south from Helsingborg brings you to Landskrona, a town of some 35,000 inhabitants which is both an important industrial centre and a flourishing tourist resort. Founded in 1413 by Eric of Pomerania on the site of a fishing village called Sodra Saby, Landskrona gained in importance when King Kristian III of Denmark had Landskrona Castle built to fortify the town in 1549. After Skane became Swedish, the castle was extended and greatly strengthened to become one of Scandinavia's largest (and now best preserved) 17th century fortifications. In 1747 the Swedish parliament had the old town pulled down to make way for still more fortifications, destroying as they did so the church of St John the Baptist, one of the largest in Skane. The new town of Landskrona was built in the French Classical style on land reclaimed from the sea.

Landskrona has become, because of its exceptionally fertile soil and favourable climatic conditions, a world-renowned centre for horticultural research and the development of new hybrids, but much of the town's effort, particularly during the summer months, is directed towards the tourist industry and the promotion of major sporting events. The Borstahausen recreation area north of the town has a marina, a beach, a golf course and a campsite, and within the town itself are facilities of international standard for sports such as tennis, swimming, moto-cross, table tennis and gymnastics. You might enjoy visiting the old barracks, where there is one of the most varied and interesting museums in the whole of Skane, complete with an example of the Grasshopper, Sweden's first home-built aircraft.

Particularly well worth a trip is the island of Ven, in the Kattegat west of Landskrona. The island and the boat services are extremely popular in summer, and it pays to arrange your trip well in advance if you are able to do so. It was on Ven that the great 16th century astronomer Tycho Brahe had his observatory and built his castle, Uranienborg, now no more than grass-covered foundation walls. The enterprising Swedes have, however, built a reconstruction of his observatory, and this is very interesting to visit. The island has magnificent swimming and watersports, and is ideal for traffic-free cycling and walking.

Astorp and the Soderasen Ridge

Almost in the centre of northwest Skane is Astorp, founded in the 11th century and at the northwestern tip of the dramatically scenic Soderasen Ridge which is reached from Astorp by way of Tingvalla. The high ground of the Soderasen Ridge is superb country for hill walking.

Not far from Astorp to the southeast is Kvidinge, where there is a long tradition of cottage craftsmanship – earthenware pottery, weaving and textile design are all produced using traditional methods to this day.

Mining, Agriculture and Food in Bjuv

To the west of the Soderasen Ridge are the towns of the Bjuv District, Bjuv itself, Billesholm and Ekeby. Although this is a predominantly agricultural area, there has been a curious history of coal mining which has, in a sense, gone full circle since it began in the middle of the eighteenth century. The first mines were open cast, and the coming of the mining and the potential for higher earnings and a greater certainty of the next day's meal brought a rush of people from the countryside, first to the mines themselves and then to the industry which sprang up around them. The 'Mining Rush' gathered momentum throughout the nineteenth century as deep mines were sunk and people from all over Sweden came to live in the towns of the Bjuv District. Even into the twentieth century, many Swedes came to the area as increasing industrialisation created ever more jobs in the towns.

By the third quarter of the twentieth century some of the old deep mines were uneconomic, and the increasing use of hydro-electric power reduced the demand for coal. The last of the deep mines closed in 1979, and now houses a museum of the mining industry. Such coal as is mined in Bjuv is once more cut from open-cast workings. The largest industry in Bjuv is now the factory of AB Findus, the frozen food manufacturers, and Billesholm has Gullfiber AB, a major manufacturer of mineral wool.

Of course, the Bjuv district is not all industry. In summer when the grain is tall the fields are ablaze with the gold of wheat and the dark greens of fruit plantations. Beech woods turn to a rich, burnished red as autumn draws on and there are wild flowers in abundance throughout the summer season. If you enjoy walking you should go to Molledammarna, near Billesholm, a scenically delightful rambling area which provides outdoor people with every opportunity for enjoying some of the quite beautiful countryside of the area.

Orkelljunga – a Lake District in Miniature

Far up to the northeastern side of northwest Skane is the Orkelljunga District, which has the best inland fishing in the area and is a centre for sailing, canoeing, rowing and other water sports on a number of fine lakes – Hjalmsjon, Asljungasjon and Lilla Halsjon are particularly noteworthy.

Above the lakes there is some magnificent forest scenery, with tall pines stretching up above steep slopes leading down to the water's edge, and several demanding long-distance walking trails are marked out for those intent on outdoor holidays. For children, a trip to Vikingland at Skanes Fagerhult is a must – they will have tremendous fun with the outdoor amusements.

Klippan and the River Ronne

To the northeastern side of the Soderasen Ridge is the Klippan District, set between the plains of the south and west and the forests of the north. The area around the town of Klippan, with its paper mill, leather works and wool processing plant, is varied and attractive, with rich farmland alternating with lakes, rivers, streams and colourful woodland. West of Ljungbyhed there is a large area of heather-covered heathland and through the whole district runs the River Ronne, popular with canoeists who particularly like the rapids at Djupadal.

Those interested in birds should not miss the Store damm lakes, northeast of Ljungbyhed, where many rare species nest and can be observed at the appropriate times of the year. The juniper woods at Anderstorp are also worth a visit, and at the little village of Krika, about four miles from Klippan, there is a tiny potter's workshop run by Per Branner, who makes visitors very welcome between 9am and 3pm each weekday.

Svalov – the Most Productive Agricultural Land in Sweden

In the south of northwest Skane is the Svalov District, a richly fertile area of agricultural land growing a wide variety of crops in abundance. The principal towns are Svalov itself, Teckomatorp, Billeberga and Tagarp. Archaeological finds in this area have shown that people lived here when the Baltic was isolated from the North Sea, some 10,000 years ago, and there have been some fascinating artefacts unearthed from the Bare Bog.

To the north of Svalov the terrain becomes hilly near the Soderasen ridge, and the highest point in Skane, some 690 feet above sea level, is near Stennestad, not far from Rostanga. This fine town has tremendously attractive tourist facilities including Rostanga Sommerland, an open air amusement and activities park for children and adults.

Walkers and others who enjoy the outdoor life could not do better than to start their visit to northwest Skane in Rostanga – but that is where we must leave the northwest and move south to Lund and southwest Skane.

4 The Southernmost Region of Sweden – Southwest Skane

In many ways, southwest Skane can be seen as the pivot of the province, for in this area are the principal academic centre – the city and university of Lund – and the delightfully cosmopolitan and gastronomically orientated Malmo, third city of Sweden. And yet there is much more, particularly for the visitor. For anyone seeing the southwest of Skane, which includes the most southerly area of Sweden, will rapidly come to feel that those who live here are unusually lucky. In fact, it is not unusual for tourists to begin to wonder how they might rearrange their lives to enable them to settle in this beautiful place.

Mellanskane

But let us begin northeast of Lund, right in the centre of Skane – Mellanskane – the area which has Eslov in the west, Horby in the east and the town of Hoor just above its centre and the Ringsjon lake. Ringsjon is divided almost into two separate lakes, known as Vastra Ringsjon and Ostra Ringsjon, by a promontory of land upon which stands the historic and very beautiful castle of Bosjokloster, with water and forest all around its picturesque white walls. Once a Benedictine convent, Bosjokloster was founded over nine hundred years ago in 1080 and the remarkable refectory within the castle dates from that time and is almost unchanged. In the refectory one can still see a letter written in 1354 by Pope Innocent VI confirming the convent's rights and privileges. The castle belongs to, and is still lived in by, the Bonde af Bjorno family, but much of the magnificent building and its outstanding gardens are open to the public from April to October each year and are well worth a visit. In addition to the obvious attractions of the castle and its gardens, there is a fine restaurant, a children's zoo and opportunities to swim in the lake. Nearby, there is an excellent 18-hole golf course.

Of course, Bosjokloster is not the only great castle of Mellanskane. A few miles from Eslov are the two dramatically beautiful Trolle castles, Trollenas and Trolleholm. Both belong to members of the Trolle family, one of the great noble lines of Sweden, and each is surrounded by approximately twenty thousand acres of parkland which is open to the public.

Many visitors enjoy touring Mellanskane by bicycle, and special maps and details of where one can hire bicycles are available from the tourist offices in the principal towns. Whatever your means of transport, you will find the scenery of lake, forest and hill bewitchingly beautiful, particularly in the evening sun of summer. Try not to miss the fascinating 17th century farm called Gamlegard, run as a working museum at Billinge, north of Eslov, or the famous wildlife sanctuary near Horby.

Lund – the Beauty of Old Sweden All About You

The ancient city of Lund is, in modern terms, only fifteen minutes by train and little more by road from Malmo, to its southwest, but is quite distinct in character. Lund was founded by King Canute the Great (Knut) in 1020, and named Londinum Gothorum after London, in what later became England, then part of his dominions. Once the principal city of Scandinavia, Lund became an academic centre at the time of the Reformation, as other cities such as Copenhagen and Stockholm increased in political importance, and the university in the city is greatly respected throughout the Nordic countries.

The twin-towered cathedral of Lund has been a landmark in western Skane since the 12th century. Consecrated in 1145, Lund Cathedral is without doubt the finest Romanesque building in Scandinavia and is the seat of the oldest archbishopric in the Nordic countries. Among the most popular features of this quite magnificent cathedral with the thousands of people who visit it each year is the remarkable astronomical clock which performs at the stroke of noon (1pm on Sundays) and again at 3pm every day. At the hour, knights on horseback clash, trumpeters blow a fanfare, the organ plays 'In dulce jubilo' and doors open to allow figures of the Magi to make their obeisance to the Christ child. The cathedral has a unique 15th century altarpiece and intricately carved choir stalls and, in the crypt, a high altar consecrated in 1123. Here also are the extraordinary pillars which are claimed by the less imaginative to represent Abraham and Lazarus, and by those given to longer odds to be the Giant Finn who built the cathedral, with his woman.

In Lundagard Park you will find Kungshuset, a red-brick building erected during the late 16th century as a residence for King Fredrik II of Denmark, who then ruled over Skane. Now an annexe to the university, this building was the university itself until the present buildings were erected in 1882. The university foundation dates from 1666 and there are now some 20,000 students, including many from outside Sweden.

Particularly unusual is the Art Museum at the junction of Solvegatan and Finngatan in Lund. Here, instead of simply viewing the finished works of art, as you would normally expect in a gallery, one can see the evolution of each major piece, from preliminary sketches, to rough outlines, to (in the case of sculpture) plaster miniatures and full-scale models. The Botanical Gardens, Botaniska Tradgarden, are an essential point of call for plant-lovers and gardeners.

If you feel you can get up early in the morning, visit Martenstorget, where you will be able to wander among the stalls of an old-style country market. To enjoy a special meal in a wonderfully old world atmosphere, visit Staket Taverna at 6 Stora Sodergatan, a tavern in a 15th-century cellar in one of the narrow, step-gabled brick buildings that are so typical of Lund. Less expensively (and this applies in virtually every major town in Sweden) one can find unexpectedly good food in the department store cafeterias, which are of a much higher standard than would be normal in most other countries. In Lund, try the cafeterias in the Domus or the Tempo department stores.

Perhaps most exciting of all, if you can possibly arrange it, is to time your stay in Lund to take in the festivities on Walpurgis Night (April 30th). This festival is, of course, exciting, colourful and great fun wherever you happen to be in Scandinavia, but the presence of large numbers of boisterous undergraduates determined to make it a night to remember renders Walpurgis Eve just a little more special in the exuberant university atmosphere of Lund.

And So To Malmo

Malmo is the principal city of Skane, the southernmost city of Sweden and the third largest city in the country, with a population of approximately 235,000. It is an interesting reflection upon the somewhat confusing history of Skane that Malmo was, during the sixteenth century, the second largest city in Denmark after Copenhagen. It has in its seven hundred years or so of existence been the principal city of an independent Skane, then a city of Sweden, following which (in 1360) it became a Danish city again only to be lost in 1370 after a brief war to the German Hanseatic League as a protectorate, a situation which prevailed until 1385. It then remained Danish until the Treaty of Roskilde in 1658, which finally united Skane with Sweden.

Described by Carl Linnaeus during his eighteenth century *Skane Journey* as "one of the most substantial cities of the realm", Malmo seemed even then to have something of the character which typifies it today, for a year or two after Linnaeus visited the city Carl Christopher Gjorwell said "There is much more liveliness here than in other Skane towns, and, furthermore, Malmo has the air of a foreign city".

Malmo grew rapidly – its population of only a couple of thousand in 1713 expanded to 5,000 inhabitants in 1800 and 83,373 in 1910. Almost three times that number live in the city now, yet it seems smaller and more intimate in atmosphere than mere statistics would suggest. Just thirty-five minutes by hydrofoil across Oresund from Denmark, Malmo is sometimes given short shrift by tourists whose imagination has been caught by the attractions of Copenhagen (which is entirely understandable), but this is unfortunate for, like Gothenburg, Malmo has much to offer visitors prepared to seek out its charms. Near the centre of the city is the massive and impressive Malmohus Castle, an attractively antique pile surrounded by magnificent lakes and parkland, through which are scattered examples of Milles' sculpture including his 'Pegasus', winged horse and man soaring apparently through space. It was in Malmohus that Lord Bothwell, the third husband of Mary Queen of Scots, was imprisoned between 1568 and 1573.

Pildammsparken has the distinction of being the largest park in Sweden, beautifully landscaped and lavishly planted with a great variety of trees and shrubs. Kungsparken, attractively encircled by water, is only a brief walk from Gustav Adolf's Torg at the heart of the city, and from there it is but a short distance over a bridge to Slottsparken. In summer one can take a trip on the canal and view the old city from one of the tourist boats which provide an excellent view of the parks and ancient buildings.

Malmo also boasts one of Sweden's oldest municipal buildings in its Radhuset or town hall, which dates from 1546 and has an impressive green roof, and is particularly proud of St Peter's Church, a brick structure in Baltic Gothic style built in about 1300 which is the oldest building in the city. Lilla Torg (Square) was laid out in 1591. The square is cobbled, with delightful seventeenth and eighteenth century houses around it, some of the most interesting being Hedmanska Garden, Aspegrenska Huset and Ekstromska Garden. Elsewhere in the city are Jorgen Kock's house at 3 Frans Suellsgatan, built for a onetime Controller of the Mint, and now the location of a very pleasant cellar restaurant known as Kockska Krogen, and Kompanihuset, originally built for a 16th century trading company and renovated for public use. If you enjoy those early-morning walks we mentioned earlier, you will have another opportunity to exercise your talents here, for you should not miss the early daylight hours in Mollevang Market Square, to which growers from the surrounding Skane countryside bring their produce and flowers to sell to the city traders and public.

But some of the greatest attractions for the tourist are essentially modern, including the restaurant of the Savoy Hotel, which doubles as the headquarters of the Swedish Gastronomical Society. Eating well is almost a way of life in Malmo, and it is of all Swedish cities the one in which an invitation to a business lunch is likely to be a memorable experience. Among the haunts of those who know their way around are Tunneln, a fourteenth-century underground establishment of rare gastronomic distinction which claims to be the oldest tavern in Scandinavia, and Radhuskallaren, which, as the name suggests, is in the cellars of the Town Hall.

Malmo can also claim a quite magnificent shopping centre, in which one of the highlights is Silverbergs Mobler at 31 Baltazarsgatan, whose display of glassware and crystal is quite stunning. Children of a traditional turn of mind will love Charlotte Weibull Dockcenter at 45 Gustav Adolfs Torg, which is set out like a dolls house and is packed with toys and gifts. But there is so much more to see in Malmo, including one of the largest and best theatres in Europe, a magnificent athletics stadium and an annual commercial and industrial exhibition, Skanemassan, which brings visitors from all over Europe each September. It is worth knowing that, if you are in Malmo for a day or two, you can buy the Malmokortet (Malmo-card) at the airport, railway station or tourist office. This for one initial payment provides free travel on public transport, and free or much-reduced entrance to the various tourist attractions – quite a bargain.

And Yet Further South

Only 25 miles (32 kilometres) from Malmo, on the extreme southwestern tip of the country are the minuscule twin 'cities' of Falsterbo and Skanor which are again quite delightful for those who love attractive old architecture and a homely atmosphere. The sandy beaches in this corner of Sweden are absolutely magnificent, and the area is perfect for children's holidays. Trelleborg, on the south coast, is also worth a visit and has many interesting buildings and places of interest.

The fields and undulating hillsides of Skane have literally hundreds of castles and fine fortified homes, dating from the years of strife when sovereignty over the region was disputed between Denmark and Sweden. Most are surrounded by beautifully laid out and cared for grounds and gardens, and many are moated. Some, as we have noted, even remain in the possession of the families which built them centuries ago, and together they form Sweden's Chateau Country. Only a few are open to the public, but those that are provide spectacular architecture and landscaping for the visitor to enjoy.

If you are in Sweden with a car, you might drive from Malmo and the southwest corner of Skane to Ystad and southeast Skane, the subject of our next chapter, by way of Torup Castle, less than ten miles southeast of Malmo. Torup is a fortified manor house dating from about 1550, and is imposingly massive yet retains the homely character that is peculiar to so many of Sweden's castles, many of which, in any event, were not built as castles in the first place and are nearer in character to the French chateaux than to the castles of Germany or the British Isles. Another such house which has a famous restaurant in the cellar is Svaneholm, built around 1530 and located roughly half-way between Malmo and Ystad. Described (according to the local tourist office) by *Gourmet Magazine* as "a cultural, historical and culinary gem", Svaneholm has a four-storey museum open to the public and offers other attractions, such as rowing boats for hire.

5 The Delights of Ystad and the Southeast

The southeastern corner of Skane has fewer lakes than the other areas of the province but is every bit as beautiful, with rolling countryside and colourful deciduous and coniferous woodland. The principal glories of southeast Skane are the picturesque mediaeval town of Ystad, Christinehof, the pink castle of Osterlen, the castle of Glimmingehus near Simrishamn and the attractive old town of Ahus, although there are a great many other interesting and noteworthy towns, landmarks and villages. We shall look at each of these points of interest in turn.

Ystad. A Visit to the Middle Ages

Ystad is without doubt the most perfectly preserved example of a town of the Middle Ages in Sweden, full of narrow winding streets, overhanging timber framed houses and shops of great beauty and interest. Yet Ystad is very obviously a living town with a population of some 24,000 people and a thriving commercial and industrial community. Although there are a few large companies based in and around the town – mainly concerned with the manufacture of food and engineering products – the great strength of the area for the future, and the basis for its expected growth and prosperity, is the presence of some six hundred small companies in a quite immense spread of trades and businesses which employ fewer than twenty people each, and another eighty companies with between twenty and a hundred employees. Many of the smaller businesses produce handicraft products, and their output is, for obvious reasons, dependent to a degree upon the tourist trade, but even without tourism Ystad would be an economically healthy community. The harbour has daily ferry services across the Baltic to the island of Bornholm and to Poland, and thereby provides busy trade routes to Southern and Eastern Europe.

Nonetheless, it is as a living relic of life in past centuries that Ystad is most attractive to the visitor. There is much to see. One of the best-known buildings in the town is Per Halsas Gard, which is a complete block of half-timbered houses and shops. Although there are comparable examples in Germany and Britain, such an undisturbed block of half-timbered buildings is unique in Scandinavia. The courtyard, which is 18th century, gained its name from the last private owner, one Per Hansson, who operated a business called 'Vattenfabriken Halsan' in the buildings.

At the corner of St Ostergatan and Pilgrand can be found the oldest half-timbered building in Scandinavia, dating in part from about 1500. Known as Pilgrandshuset, the building housed Ystad's first dispensing pharmacist, and was in 1947 the first of many fine ancient structures in Ystad to be restored. Just along St Ostergatan, on the corner of Gasegrand, is Aspelinska Garden, a privately-owned, half-timbered courtyard, once the workshop of the celebrated goldsmith Jonas Aspelin in the late 18th century.

Ystad is also the proud possessor of one of Sweden's best-preserved monastic buildings, a Franciscan friary known as Grabrodraklostret which includes the beautiful church of St Petri. Consecrated on July 6th 1267, the church and friary grew to be a quadrangular building by the end of the 15th century. After use as, among other things, a Royal distillery, the friary was restored in 1909, but the church had to wait until 1965 for restoration. It was reconsecrated on July 6th 1967, seven hundred years to the day after its original consecration.

At Stora Vastergatan 6 there is a fine half-timbered house in which King Charles VII reputedly stayed during two visits to the city, and there are many other buildings which are quite fascinating. Ystad's most decorated house is Hans Raffns Gard, sometimes called Anglahuset because of the carved angels on the front of the building, which dates from 1630. Opposite Anglahuset is Brahehuset, a late 15th century brick-built house, which stands on the corner of St Norregatan and Sladdergatan, the former town-house of the Brahe family, who were landowners in the district.

One could describe individual buildings and sights of Ystad for many pages of a book like this, but space is limited and southeast Skane has much to see and describe. So suffice it to emphasise that no visit to Skane is really complete without at least an hour or two in Ystad – and let us move on to the countryside around the town.

Ancient Monuments, Castles and Churches

There are near the south coast of Skane and the mediaeval town of Ystad many relics of the Viking and earlier periods of Scandinavian history, and visiting them can provide a fascinating insight into the background of present-day Sweden. For pre-history and the legacies of the Viking period are very real to the Swedes, more so than, for example, the Roman occupation or the Saxon period is to British people.

If one travels east along the coast from Ystad, one reaches Kaseberga where, high on the cliffs above the sea, there is an Iron Age ship formation of stones known as Ale's Stones. Sixty-seven metres long, the formation consists of carefully worked rocks set out in the shape of a ship and clearly had great religious significance to those who planned and executed such a mighty task so long ago. Another similar, although smaller, ship formation known as Disas Ting is to be found to the south of the main road at Svarte.

Inland there are Bronze Age burial mounds at Kopingebro, Kolnahogarna and, near Ystad, at Hedvigsdal, and chambered tumuli or burial places from the megalithic era are to be seen at Ingelstorp, Ramshog and Carlshog, northwest of Hagestad.

Rune stones from the Viking period, which are to be found all over Southern Sweden, are plentiful in the area around Ystad, and can be seen in the churchyards at Skarby and Bjaresjo. One of the most interesting and illuminating is in Krageholm's Castle Park. It reads "Toma set up this stone in memory of Bram, her husband, together with their son Asgot. He was the best of companions and most generous with food".

The whole area of southeast Skane is particularly rich in churches, but one of the most noteworthy is that at Bjaresjo, which has sandstone walls decorated with Romanesque friezes and an oak ceiling to the apse, which is carved extensively with dragons and mythological creatures. There are many fine wall paintings, and the pulpit dates from 1620. Other churches of note are at St Kopinge, Loderups, and Valleberga, where the church contains the remains of Skane's only surviving round church.

Among the castles and fortified houses in the area are two or three which can be visited in summer. Notable among these are Glimmingehus, about six miles southwest of Simrishamn, and Bollerup, on the road between Hammenhog and Tomelilla. Glimmingehus is reckoned to be about the best-preserved mediaeval fortress in Scandinavia and contains a worthwhile and interesting museum. Built between 1499 and 1505, Glimmingehus is open every day between April 1st and September 30th each year. Bollerup is a decorative manor house built in 1752, about ten miles southeast of Tomelilla. It has many well-preserved half-timbered buildings around it and may be visited by prior arrangement – the telephone number is available from the tourist offices, whose staff are most helpful.

Perhaps the most notable of the castles and fine buildings of southeast Skane is Christinehof, built in the eighteenth century by a power house of a woman named Christina Piper. This formidable female started the alum production industry in Andrarum virtually single-handed and personally directed its growth to become, in the early nineteenth century, the largest single industry in Skane. At the height of its success, her enterprise employed 900 people in the area. She had when only seventeen years old married Carl Piper, a courtier of King Charles XII, who was captured during the King's Russian campaign and died in a prison camp. Before the war which ended his life, he had been a successful businessman, and Christina followed his example, building her empire until she owned almost half of Skane. The alum business closed at the beginning of the present century, and Christinehof was unoccupied from 1925 until its restoration following the Second World War, but it is now a magnificently restored example of eighteenth century architecture, with many rooms returned to the state in which they would have been during the eighteenth and nineteenth centuries. In the vaults, there is an exhibition of tools and agricultural equipment once used on the estate.

On the Baltic coast, the town of Simrishamn is quite beautiful, with half-timbered houses and the remarkable step-gabled church of St Nicholai. On the road to Simrishamn from Ystad is Backakra, the farm bought by Dag Hammarskjold, the UN Secretary-General, in 1957 for his retirement. Although his death in a plane crash prevented his retiring there (he last saw his farm in 1959), the farm has been restored according to his plans and is open to the public from May to September.

This Baltic side of Skane is rich in archaeological monuments, particularly at Kivic, in the fruit-growing area, where there is an ancient royal grave dating from about 1400 BC and excavated in 1931. As one drives northeast towards Ahus and Kristianstad, it is worth stopping at Maglehem, where there is one of the most impressive churches in the whole region. Step inside and you will be rewarded with the sight of wall-paintings, restored in recent years, some of which date from the 14th century. Although the church at Maglehem is probably the finest in the Danish style in the whole southland, there are many more which have a place in the history of this area of Sweden, for in Skane as a whole there are some 150 mediaeval churches.

Ahus – Historic Port and Holiday Town

To perhaps the greatest number of visitors to Ahus, on the Gulf of Hano, Ahus is a holiday centre, with extensive golden beaches and every facility for a happy holiday with the family. But Ahus is more than that. It is, for a start, an important trading port on the Baltic, and has a long history of providing eastern Skane with an outlet to Poland and the Baltic states of Latvia, Estonia and Lithuania before they were commandeered by the Soviet Union.

Perhaps most important to the people of Ahus is the sheer beauty of the place, with attractive eighteenth and nineteenth-century houses punctuated with occasional gems from earlier centuries. The town has a curious history, for until the Reformation in 1536 it was the major city of eastern Skane and a seat of the Archbishop of Lund, whose castle was without equal among ecclesiastical palaces in Scandinavia. After the Reformation, the town came under the administration of the king. In 1549 a fire destroyed many of the town's buildings, and in 1569, during the Nordic Seven Years War, the castle was destroyed – its ruins are still visible today. In 1614, King Christian IV of Denmark began building Kristianstad, and as a result the town charter of Ahus was revoked and the citizens were forced to move to the new city. Only the farmers, the fishermen and the dockworkers remained.

Thus Ahus had to grow again, which, fortunately, it did. Towards the end of the seventeenth century, during the siege of Kristianstad, King Charles XI hid in a chimney at the vicarage of Ahus while Danish soldiers searched the house for him. Rumour had it that he was there in the first place because of an amorous attachment with the vicar's wife, but the story has become part of Ahus' history, and visitors are still shown the room where it all happened.

Nowadays, Ahus is an attractive residential area as well as a fine old town – and in summer the normal population of some 9,000 is doubled by tourists.

6 Land of Lakes – Northeast Skane

It is in the northeast of this lovely province of Skane that those who love the traditional image of Sweden – clear blue lakes and pine trees – will find their pleasures in abundance. For much of the inland water of Skane is in this area, providing endless opportunities for sailing, fishing and water sports and apparently limitless vistas of lakeland.

Kristianstad – Designed From the Ground Up

When King Christian IV decided to build Kristianstad on the island of Allon in the Helge River he designed the town on a rectangular and almost symmetrical plan which was closely followed and is still visible in the city plan of today. This was the first example in Scandinavia of a town planned according to Renaissance ideas, and the first to have a Renaissance bastion system. More than three and a half centuries later, the city still has a distinctly orderly and planned air to it. In the middle of the nineteenth century the ramparts were torn down and replaced by boulevards, exactly as happened in Paris, and for this reason the city became known in Europe as 'Little Paris'.

Although elegant, Kristianstad lacks, to some eyes at least, some of the interest of many of the other towns and cities we have described in this book. Do not miss Trefaldighetskyrkan, or Trinity Church, built between 1617 and 1628, and held by many to be the most beautiful Renaissance church in the Nordic countries. Go also to Vastra Storgatan 7, a tiny, single-storey house which dates from the early seventeenth century when the city was built and is the best-preserved example of the simple houses in which the original population lived.

Backaskog Castle

Around Kristianstad, a busy town some twelve miles from the Baltic coast, are the lakes of Hammarsjon to the south and Araslovsjon to the north. At Bromolla there are two more lakes, Ivosjon to the east of a peninsula and Lake Oppmanna to its west. It was upon this promontory that, in the thirteenth century, French monks founded a monastery which is now known as Backaskog Castle. After the Reformation, the monastery was fortified as a castle and in 1680 was appropriated by the Swedish Government as a military residence. In 1818 Crown Prince Oskar rented the castle, and from then until 1900 it became, in effect, a Royal hideaway. Backaskog repays the trouble of arranging a visit with some delightful gardens and with the sight of some quite remarkable furniture, for the State apartments are furnished in period style, with many of the original fittings and small items of furniture.

Hassleholm and the Goinge District

To the east of Backaskog are Solvesborg and Mjallby, both of which are interesting towns with much to offer the tourist, but an area that should not be missed is Hassleholm. Placed centrally in the lake and forest district of Goinge, the town of Hassleholm gets its name from the profusion of hazel trees in the area, and the locality is dominated by its forests. All around the town there are soft, tree-clad ridges, streams and brooks tumbling through the woods and plenty of picnic areas with fishing, swimming and, in some cases, boats for hire. Lake Finjas lies to the southwest of the town, and there are plenty of camping sites and opportunities for taking summer courses in orienteering and other outdoor activities.

To the southeast of Hassleholm is Vinslov, a town of strong cultural traditions expressed in exhibits at Vastergarda, a local history and culture centre. At Kialtsgarden, a 17th century farmhouse, there are art exhibitions throughout the summer.

West of Hassleholm is Tyringe, which has a history as a spa and health resort and has now become a major centre for conferences and training courses amid beautiful surroundings. To the north is Bjarnum, close to Lake Mollerod and Lake Bjarlangen, which, as well as offering all manner of water sports has an unusually large and well-endowed museum containing about 15,000 exhibits showing the development of human culture from about 6,000 BC to the present day.

Far to the southwest is Sosdala, the old centre of the Goinge district, although it is nowadays nowhere near the geographic centre. Sosdala was at one time the headquarters of the 'Snapphane', local partisans who fought the Danish overlords (and almost anybody else who happened to be around), and there are many folk stories of their deeds. The graveyards at Vetteryd, Haglinge and Ljungarum are full of intriguing stones telling stories of bravery and derring-do.

Ostra Goinge

The last district we shall look at in this book is Ostra Goinge, a district of attractive small towns and villages, each with its own story to tell. The largest of these towns is Knislinge, yet even here there are only 3,500 inhabitants. If you are able to visit Knislinge, go to Klockaregarden, the verger's house, and to Vanas Castle.

In Broby, only slightly smaller than Knislinge, with a population of 3,200, is the administrative centre of Ostra Goinge. Through Broby runs the River Helge, which is the largest river in Skane and powers a number of large hydro-electric stations.

East of Knislinge is Immeln, a quarrying town which is on Lake Immeln, the third largest lake in Skane and one which has many attractive wooded islands. To the north of Immeln is Sibbhult, with some 1,600 inhabitants, a village which grew up when the railway came to Kristianstad in the nineteenth century. Its principal claim to fame in the 1980s is the presence of the largest engineering works in the country, that of SAAB-Scania.

North of Broby is the paper making town of Ostana, on the River Helge. The industry dates back to the eighteenth century, and it is possible to learn about the early days of paper making in a museum set in a beautiful half-timbered house. Nearby is Glimakra, also an industrial town.

And So, Next Time You See a SAAB Car or a Scania Truck...

Think of Skane, or Scania, the southernmost province of Sweden and Mecca for a great proportion of the tourists who flock every year to this lovely country. Skane rates alongside the Rhine Valley in Germany, Auvergne and the Dordogne in France and the fiords of Norway as one of the areas that every European should visit in his or her lifetime. I hope you enjoy, or have enjoyed, both your visit and this book.

Skånes Tidlösa Skönhet

1. God mat och gott om tid i Sveriges kornbod

Tre angenäma egenskaper framför andra framträder för besökaren redan samma dag man har anlänt till Skåne, Sveriges sydligaste landskap. Den första man lägger märke till är den avslappnade, vänliga, öppna och levnadsglada livsstilen hos människorna i denna vackra och bördiga del av Sverige.

Skåne tillhörde Danmark fram till 1658, och med Danmark bara någon kilometer över Öresund från Helsingborg, har Skåne behållt sin danska prägel än idag. De flesta människor talar med danskt tonfall och eftertryck och har den typiskt danska sorglösa inställningen till livets problem och svårigheter, till skillnad från de något mer tystlåtna och ibland allvarliga invånarna längre norrut i landet.

Sedan är det naturligtvis det fantastiskt omväxlande landskapet, från klippig kust till sandstränder, från böljande guldgula vetefält till gräsbevuxna kullar och från pittoreska hus i småbyar till grandiosa slott, magnifikt förlagda i skogsmark vid någon av Skånes sjöar. Städer och tätorter i Sverige är mindre och mer intima än städer i andra, mer tätt befolkade länder, detta stämmer verkligen in på Malmö, som trots att den är landets tredje stad storleksmässigt, lyckats behålla sin atmosfär av jovialisk marknadsstad.

Den tredje och för oss som tycker om god mat, det mest bestående intrycket av Skåne, är intresset och hängivenheten i allt som har med de gastronomiska konsterna att göra, något som genomsyrat det sociala umgänget och affärslivet i hela regionen. Det finns fler restauranger per capita i Malmö än i någon annan svensk stad, och kvaliteten och utbudet hos restauranger och hotell över hela Skåne är bara det skäl nog att besöka Skåne, även om det vore så att man inte var intresserad av landskapets skönhet. Smörgåsbordet kan hos även de mindre värdshusen och hotellen uppgå till över 150 olika rätter, arrangerade för att förnöja både gom och ögon, oftast mycket vackert dukat på gnistrande rena dukar och bord. Besökaren som är förtjust i fisk kan hänge sig åt en veritabel upptäcksresa bland massor av inlagd, saltad och gravad fisk, räkor, lax, och ål. Den som föredrar kött kan avnjuta rökta delikatesser, korvar i mängd och det finns även välkryddade köttbullar att tillgå. Listan kan göras hur lång som helst — men missa inte spettkakan, en kaka gjord på ägg och socker.

Ifall den myckna maten inte orsakat total orörlighet, så kan det vara en god idé för dig att besöka några av de mer än tvåhundra slott och herresäten som finns kvar sedan tiden Danmark styrde. Dessa finns spridda över hela regionen och många av dem välkomnar besökare. Du kan även pröva lyckan med lite fiske från någon vackert belägen strand där du även kan ta en simtur, eller varför inte ta någon av de små landsvägarna som tar dig till den verkliga landsbygden i Skåne, fjärran från allfartsvägarna. Allemansrätten i Sverige ger alla människor fri tillgång till landsbygden, svenskar och turister från utlandet har alla rättighet att vistas på andra människors mark (med undantag för tomter och mark i omedelbar närhet av hus) om man visar hänsyn och är rädd om växande grödor och liknande. Campare får även ha sitt tält uppställt i 24 timmar på annan mark, förutsatt att marken ej är odlad eller att platsen inte ligger för nära boningshus eller dylikt. Du får även simma och bada där det är möjligt. Fiske i havet kan bedrivas utan tillstånd, men fiske i sjöar och vattendrag kräver däremot fiskekort, all jakt är förbjuden. Om du vill köpa ett fiskekort så hjälper den lokala turistbyrån gärna till.

Denna frihet att njuta av landsbygdens natur speglar på ett vis de stora förändringar som sedan sekelskiftet har ägt rum i det svenska samhället, i Skåne såväl som i de flesta andra landskap. Sverige har, från att ha varit en nation med huvudparten av invevånarna sysselsatta inom jordbruket, utvecklats till en av de ledande inustrinationerna i västeuropa. 75% av Sveriges befolkning var för ett århundrade sedan antingen jordbrukare eller beroende av jordbruket för sin överlevnad. 1948 var procenttalet ner i 28%. På 1980 talet är det endast ca. 5% av befolkningen som lever av jorden. Det kommer därför inte som en överraskning att en stor del av befolkningen bor i städer och tätorter. På grund av klimatet, en stor del av norra Sverige ligger ovanför polcirkeln, bor de flesta av svenskarna i södra halvan av landet. Skåne har en folkmängd (1983) av lite över en miljon fördelade över en areal av 10939 kvadratkilometer, mindre än 3% av Sveriges totala areal är alltså bebodd av 12% av hela befolkningen. Trots detta är folktätheten i Skåne betydligt mindre än i de flesta europeiska länder, och för den som besöker landskapet kan det nästan kännas avfolkat på sina ställen.

På grund av att landsbygdens avfolkning ligger så nära i tiden, kanske bara en generation eller två, känns denna tid inte så avlägsen för de miljoner människor som ofta längtar tillbaka till den gamla "goda" tiden och därför är det inte så konstigt att den natur- och frihetsälskande skåningen ger sig ut på landet så fort tillfälle ges — seglande, cyklande eller vandrande, eller han kanske helt enkelt vilar upp sig i det bildsköna landskapet som är så fullt av vackra vyer, ett av Sveriges vackraste landskap. Den angenäma känslan av rymd och utrymme kan vara en av anledningarna till att både djur och människor blir påverkade av landskapet, en mängd olika vilda djur, typiska för Sverige, tycks finnas överallt och en vandring i skog och mark kan vara ovanligt givande.

Skåne sträcker sig från Bjärehalvön i nordväst där Kattegatt möter dess vackra stränder, till gränsen österut, mot landskapet Blekinge. Norrut gränsar Skåne mot Småland, gränsen går nära Lönsboda. Därifrån går Blekingegränsen ända ner till Östersjökusten sydost om Bromölla. Hela kusten därifrån runt sydkusten till Malmö och hela vägen längs med Öresund till Landskrona, Helsingborg, Höganäs och Båstad är en av landskapets många höjdpunkter. Den här boken kommer att dela Skåne i fyra delar för att i ord och bild försöka beskriva och illustrera några av fröjderna i nordvästra, sydvästra, sydöstra och nordöstra Skåne, allt i tur och ordning.

Men låt oss först se på det spännande och händelsrika förflutna som har gjort Sveriges sydligaste del till den unika landsdel den är idag.

2. Så vanns södern

Med en blick på kartan över Skandinavien får man klart för sig hur strategiskt viktig den södra delen av Sverige var på fotsoldaternas och segelskeppens tid. Endast södra delen av landet har havet på båda sidor om sig — Kattegatt — en del av Nordsjön västerut, och Östersjön österut. Hade det inte varit för Hallandskusten som vetter mot Kattegatt söder om norska gränsen, skulle Sverige under tidigt 1600-tal varit helt beroende av Danmark för att ha tillgång till handelsvägarna över havet. Det enda sättet för handelsskepp från Stockholm och andra östersjöhamnar att nå Nordsjön var att gå via Öresund — det smala sund som skiljer Själland där Köpenhamn är beläget, från Skånes kust. På grund av att Skåne var en del av Danmark fram till mitten av sextonhundratalet, och blev svenskt endast tack vare en brilliant oförutsedd militär manöver, ville Sverige förstås ha omedelbar tillgång till Nordsjön för sin handel, utan att behöva Danmarks samtycke, detta var anledningen till att Göteborg grundades vid Göta kanals mynning år 1619. Etablerad med hjälp och finansiellt stöd av Holländska köpmän och ingenjörer, byggdes Göteborg som ett strategiskt och för handeln mycker betydelsefullt vågspel, vilket slog mycket väl ut i bägge avseendena. Ironiskt nog dröjde det bara några år innan kung Karl X Gustav intog Skåne och gjorde landskapet till en del av Sverige — därmed minskade Göteborgs betydelse något.

Låt oss först gå tillbaka i tiden ännu lite mer, då vikingarna härjade i Öst och Väst och blev förknippade med skräck och terror varhelst de drog fram på sina plundringståg. Vikingatiden i skandinavien, från ca. 800 e kr. till ca 1050, är ett grymt och blodigt kapitel i Skandinaviens historia och rivaliteten mellan vikingarna från öst och de från syd och väst var stor. Till skillnad från de Danska vikingarna for vikingarna från Sverige österut på sina erövringståg, bland annat för att inta Kiev och Novogorod i Ryssland, till och med Konstantinopel fick besök av Nordmännen. Det myckna resandet och etablerandet av handelsvägar genom Europa medförde att det medeltida Europas civilistation och värderingar slutligen infördes i Sverige.

Kristendomen ersatte bit för bit de hedniska tros-lärorna och var vid tolvhundratalet den helt dominerande religionen i området.

I slutet av trettonhundratalet slöts Kalmarunionen som fick sitt namn efter Kalmar, den stad vid östersjökusten där den undertecknades. Kalmarunionen enade år 1397 de tre länderna Sverige, Danmark och Norge till Europas största och potentiellt mäktigaste kungadöme under drottning Margareta av Danmark. Avsedd att vara en union för att behålla fred i orostider blev den istället ett tvisteämne. Drottning Margareta dog 1412 och efterträddes av Erik av Pommern, systerdotterson till Margareta. Han lade sig i adelns affärer och drog med sig Sverige i en dispyt gentemot Nord-Tysklands Hansa-förbund, vilket medförde blockad och hård beskattning från Hansan. Svenskarna motsatte sig hans agerande och Danmarks inflytande, vilket resulterade i en revolt som utbröt mitt i Sverige i början av 1430-talet med en av Sveriges historiska arbetarklasshjältar som ledare, Engelbrekt Engelbrektsson Han sammankallade 1435 Sveriges första ridsdag som, enligt dåtidens mått helt okaraktäristiskt innehöll representanter från både borgare och bönder såväl som präster och adel. Riksdagen valde Engelbrekt till Sveriges regent, och klart var att hans ambition var att ställa Sverige utanför Kalmarunionen. Så blev det nu inte, Engelbrekt mördades och upprorsmännen förlorade sin slagkraft. Trots detta tvingades kung Erik att avsäga sig Sveriges tron. Sverige förblev medlem av unionen och lydande under Danmarks regenter fram till femtonhundratalet. År 1520 fängslade Sveriges riksföreståndare Sten Sture d. y. ärkebiskopen i Uppsala, Gustav Trolle, som gick i spetsen för ett mot Sten Sture fientligt parti. För att hämnas denna oförrätt övertalade Gustav Trolle Danmarks kung Kristian att invadera Sverige och personligen överta makten i landet. Kung Kristian besegrade Sten Sture d. y. och kunde tåga in i Stockholm där han anklagade och avrättade åttiotvå nationalistledare för kätteri. När detta illdåd, känt som "Stockholms blodbad", blev känt för folket utbröt allmän revolution. Kristian II förlorade kontrollen, och rebellernas ledare Gustav Vasa, då fyllda 27 år valdes tilll kung över ett fritt Sverige. Tillsammans med Fredrik, greve av Holstein besegrade Gustav Vasa Kristian II, som avsatts av prästerskapet till Fredriks förmån. Kriget hade gjort Gustav Vasa skuldsatt upp över öronen, och som en lösning på sina problem såg han den mycket välbärgade Katolska kyrkan, vilken stöttat Kristian II under det senaste kriget. År 1527 konfiskerade staten kyrkans mark och reformationen som ledde till den Lutheranska kyrkans upprättande i Sverige påbörjades.

År 1544 var Gustaf Vasas makt så stor och etablerad att han kungjorde att Sveriges tron skulle gå i arv i ätten Vasa och när han dog år 1560 efterträddes han av sonen Erik XIV, som startade krig mot Danmark innan han blev sinnessjuk. Erik i sin tur efterträddes av sin halvbror Johan III som försökte återinföra katolicismen i Sverige. Detta medförde endast att Lutheranska kyrkan fick en ännu större spridning. Efter Johans död blev den Augsburgska baekännelsen allmänt vedertagen och Johans katolska son Sigismund blev avsatt av Johans protestantiska bror Karl IX som därefter regerade.

Sveriges sextonhundratal är en tid av nästan kontinuerliga krig och förstås, stora regenter. Karl IX's son, Gustav Adolf, var den förste kungen av Vasa-ätt som drog i fält för att slåss för den protestantiska läran, han spelade en mycket viktig roll i trettioåriga kriget, då han besegrade den Katolska armén vid Breitenfeld 1630—31. Gustaf Adolf stupade 1632 vid slaget vid Lützen och efterträddes av sin blott sexåriga dotter Kristina, odödliggjord av Greta Garbo i filmen Drottning Kristina (ett porträtt som avsevärt avviker från verkligheten enär drottning Kristina minst av allt var vacker).

Axel Oxenstierna som regerade under tiden drottning Kristina var omyndig, fortsatte kriget, allierad med Frankrike, och passade även på att invadera och ockupera delar av Danmark. Vid den Westfaliska freden 1648 erhöll Sverige hela västra Pommern och fick ett betydande inflytande över all handel i Tyskland. Vid det laget regerade drottning Kristina, en excentrisk och kultiverad kvinna som för första gången i historien fick Sverige att framstå som ett internationellt center för konst och lärdom. Filosofer och musiker flockades vid hennes hov vilket i sin tur hjälpte till att förjaga intrycket av en vikinga-rå och krigförande monarki. Som den excentriska och något överspända person hon var så abdikerade hon år 1654, efter att i hemlighet konverterat till Katolicismen, undervisad av påvliga sändebud förklädda till diplomatiska envoyeér. Sålunda gav sig dottern till grundaren av den Lutheranska kyrkan i Sverige iväg, efter att har förnekat den Protestantiska tron, på en triumfatorisk resa genom Europa för att bli mottagen i Rom. Där slog hon sig ner för att leva som katolik, men paradoxalt nog valde hon att leva resten av sitt liv i sus och dus med orgier och allehanda utsvävningar — till påvens stora förtret. Hemma i Sverige blev hennes kusin Karl X Gustav kung och han påbörjade en era som var nyskapande vad gäller krigföring. År 1655 påbörjade Karl entusiastiskt en invasion av Polen, en på tok för stor bit av kakan, som omöjligt kunde tuggas och sväljas av vare sig hans armé eller skattkammare. Detta krig urartade till ett ställnings-krig med omväxlande framryckningar och reträtter, till exempel intogs Warzawa två gånger, andra gången utkämpades ett historiskt slag som varade i tre dagar utan att hans armé gjorde några nämnvärda landvinningar. Polens allierade började intressera sig för Karls förehavanden på grund av de strategiska komplikationer Karls förehavanden medförde. Sommaren 1657 blev kungen på ett obehagligt sätt påmind om att detta var ett krig han knappast kunde räkna med att vinna. Kung Fredrik II av Danmark förklarade Sverige krig, vilket fick Karl att överge sitt projekt i Polen och vända sina aktiviteter åt ett annat håll. Mot alla sina motståndares förväntningar lyckades han med att tvinga hela sin armé att marschera längs med östersjökusten in i Jylland för att där inta Fredriksodd's fästning där han installerade sig för vintern vilken visade sig bli en av de kallaste och hårdaste vintrarna under hela seklet.

Det blev en sådan kall vinter det året att vattnet som skiljer de danska öarna från varandra frös till is, och i januari inledde Karl, uppmuntrad av rapporterna från sin militära ingenjör och rådgivare Erik Dahlberg, ett av de mest spektakulära vågstyckena nånonsin i militärhistorien. Hela armén, med kanoner och allt, gick över Lilla Bälts is från Jylland till Fyn. Förlusterna inskränkte sig till två skvadroner kavalleri och kungens egen släde som gick hjälplöst förlorade i det kalla vattnet. En vecka senare gjorde de om hela bedriften, armén gick över 15 kilometer på isen till Lolland, och därefter till Själland där Danmarks huvudstad Köpenhamn är belägen. Ett Köpenhamn som vid det tillfället var helt försvarslöst, de förbluffade danskarna hade bara att erkänna sig besegrade och förhandla om villkor för freden. Resultatet av detta blev freden i Roskilde som blev slutet för Danmarks maktställning i Skandinavien. I fredsfördraget ingick att Sverige skulle få Skåne och Blekinge plus ön Bornholm. Norge, som var danskt blev av med Bohuslän och Trondheim. I efterdyningarna av Karl's seger fortsatte förhandlingarna vilket resulterade i att så gott som alla fientligheter i norra Europa fick ett slut samt att Norge och Danmark fick tillbaka Trondheim respektive Bornholm. För Sveriges del betydde det att Skåne och Blekinge blev svenskt, ett förhållande som varit oförändrat ända till vår tid. Danskarnas herravälde över Öresund var äntligen slut, och inte mindre betydelsefullt — Sverige fick de bördiga spannmålsfälten i Skåne med vars hjälp staten kunde lindra hungersnöden längre norrut i Sverige.

Det svenska imperiet var nu som mäktigast.

Olyckligtvis tyckte Karl X Gustav att det var mindre intressant med fred, och beslöt sig för att inta Danmark en gång för alla.

Han belägrade Köpenhamn, som var dåligt försvarat enligt tidens mått, men stötte oväntat på ett hjältemodigt motstånd från studenter och borgare som, mot alla odds lyckades hålla stånd. När kungens problem bara blev större och större, fick han lunginflammation och dog, efterlämnande en fyraårig son — Karl XI och med hans förmyndare Magnus de la Gardie som regent. De la Gardie såg som sin främsta uppgift att behålla Sveriges erövringar, men fick samtidigt försöka lösa de ekonomiska problem som uppkommit efter ett halvt århundrade av krig. Delvis löste han detta problem med att sälja av den mark som Gustav Vasa tidigare konfiskerat, men var också tvungen att ingå en stödpolitisk pakt med Frankrike. Mot ekonomisk ersättning slogs Sverige tillsammans med Frankrike mot Brandenburg och Danmark, och blev på kuppen av med några av de landområden Sverige vunnit i Tyskland under trettioåriga kriget.

År 1697 Blev Karl XII kung, vid en ålder av endast 15 år. Han blev den siste svenske kungen som regerade över Östersjöimperiet, och var en mycket färgstark och historiskt kontroversiell person. Till att börja med var han uppseendeväckande framgångsrik, han besegrade danskarna och slog ryssarna. Sedan frestade han lyckan för hårt, som så många andra före honom — han trängde för djupt in i Ryskt territorium 1708—09 och gick det öde till mötes som många andra övermodiga generaler gjort, deras förnödenheter tog helt enkelt slut. Detta nederlag ledde till en långvarig exil i Turkiet, tills han slutligen stupade i strid i Norge 1718.

Åren av fred och kultur

Sjuttonhundratalets Sverige fick uppleva att Linné skapade den moderna botanikens struktur genom att klassificera växter världen över; att Celsius utvidgade den moderna fysikens gränser och uppfann Celsius skalan; att Svedenborg gjorde betydelsefulla och nydanande skrifter om teoriernas betydelse i vetenskapliga tankesätt och metoder i nästan samma andetag som han förutsåg grundandet av "Nya kyrkan", som för övrigt först uppstod i London 1788.

Kung Gustav III grundade mot slutet av århundrandet Kungliga Operan, och skapade även Svenska Akademien för att stimulera svensk kultur och det svenska språket. Precis som tiden då drottning Kristina regerade, blev Sverige en distinkt och erkänd faktor när det gällde Europeiskt tänkande och upptäckande; snarare en trend-sättare än en trend-följare. Gustav III skrev skådespel på svenska språket och var en entusiastisk beskyddare av opera, det var också han som blev dödligt sårad när han bevistade en maskeradbal år 1792, ofrivilligt inspirerande Verdi att göra en opera benämnd just Maskeradbalen.

Gustav IV var en blek skugga jämfört med sin framstående far, och när Ryssland tillåtits ockupera Finland, till följd av Napoleon Bonaparte's Tilsit-pakt med Tsar Alexander, fråntogs Gustav makten av den svenska adeln och ersattes på tronen av Karl XIII som fick tillträda tronen endast på villkor att han undertecknade en helt ny konstitution, vilken gav riksdagen betydligt större makt än tidigare. Den nya kungen var barnlös och därför valde riksdagen en av Napoleons marsalker, Jean Baptiste Bernadotte, till Sveriges tronarvinge och hoppades därmed få hjäp av Frankrike med att driva ut ryssarna ur Finland. Bernadotte kom för att ta tronen i besittning 1810, och redan 1812 hade han underhandlat med Ryssland om en allians mot sitt gamla hemland Frankrike. Förlusten av Finland uppvägdes mer än väl av Norges förvärvande från Danmark, som var allierad med Frankrike, och 1814 blev Norge i själva verket en del av Sverige, en union som fortsatte ända fram till 1905.

Sverige hade utkämpat sitt sista krig. Inte bara under artonhundratalet, utan förhoppningsvis även när det gäller nittonhundratalet. Till följd av att Sverige efter Napoleon-krigen fasthållit en stoisk och ofta impopulär neutralitets-politik, har landet lyckats behålla freden både inom landet och gentemot sina grannar. Under artonhundratalet återhämtade sig Sverige gradvis från det elände som betungande statsskulder och de många krigen hade skapat, och en blomstrande industrialism såg dagens ljus. En nytänkande och liberal medelklass blev en maktfaktor i landet och den andra kungen av ätten Bernadotte, Oskar I, var lyhörd för nydanade, liberala idéer och uppmuntrade även till industrialiseringen. År 1866 ersattes den gamla ståndsriksdagen med en tvåkammar-riksdag, och grunden till Sveriges politiska system var lagd — dagens enkammar-riksdag infördes 1971. De senare åren av artonhundratalet var år av hungersnöd på svenska landsbygden och dessa hårda år hjälpe till att ge den något försenade industriella revolutionen ordentlig fart, varvid den stora majoriteten av befolkningen flyttade från landet till städernas industri och teknologi.

Denna dramatiska förändring ledde till att städer och tätorter växte, och landsbygden fick stora krav på sig att förse städerna med jordbruksprodukter. På grund av att Sverige är så långsmalt — det sträcker sig från norr om polcirkeln söderut till ungefär samma latitud där gränsen mellan England och Skottland går, var det de södra delarna av landet, speciellt Skåne, Västergötland, Östergötland och till viss del områdena omkring Mälaren väster om Stockholm, som fick ta den värsta stöten när jordbruket expanderade och utvecklades. Det bör i detta sammanhang kommas ihåg att det är en relativt sett liten del av Sverige som lämpar sig för ekonomiskt bruk av jorden — den totala uppodlade arealen i hela landet uppgick år 1983 till endast 8%. Långt ifrån all mark är odlingsbar, inte ens i de södra delarna — till exempel Småland är nästan fullständigt bevuxet med barrskog — endast 3% av marken odlas där, till skillnad från Skåne där 80% av jorden befinner sig under plogen.

Under nittonhundratalet har stora landarealer upphört att brukas, detta trots (eller på grund av) kraven på ökad produktivitet inom jordbruket. Detta skedde företrädelsevis i områden där lönsamheten var marginell, eller där industriarbete med höga löner lockade oemotståndligt. Mellan åren 1960 och 1975 lades nästan en miljon tunnland åkermark i träda. Detta har i sin tur skapat ett land där helhetsintrycket blir att jordbruket, precis som den tunga industrin har sina klart avgränsade områden. Även om brödsädens betydelse inte skall underskattas, speciellt inte i Skåne, kan man förstå att utbredningen av kreatursuppfödning, särskilt då biffdjur och mjölkkor, är mycket stor då ungefär 75% av alla lantbruk i Sverige odlar foder-grödor, i huvudsak gräs i växelbruk.

Naturen i vår tids Skåne och även de andra landskapen i södra Sverige är kanske i en större utsträckning än vad som är vanligt, en produkt av sin egen historia. Lägger man därtill det moderna Sveriges jordbrukspolitik som strävar efter att uppnå en 80%-ig självförsörjning när det gäller mat, förstår man varför Skåne också är känt som Sveriges brödkorg.

Att resa runt i Skåne är som att resa i ett miniatyr-land — till följd av att landskapet skiftar och vackra naturscenerier avlöser varandra hela tiden. Fortsättningen av denna bok kommer att med hjälp av ord och bild ta dig med till några av de olika platser med oanad skönhet och anmärkningsvärda sevärdheter runtom i Skåne, städer och byar, underbar natur och platser som ger oanade skönhetsupplevelser, ställen som gör Skåne till en mycket speciell del av Sverige, ja rent av Europa.

3. Nordvästra Skåne. Skog, vattendrag, kullar och kust

Den nordvästra delen av Skåne är ett paradis för oss som älskar friluftsliv, med miltal av vandringsleder, naturreservat med ett överflöd av flora och fauna, ovanliga geologiska formationer och ett outtömligt utbud av möjlighet till olika vattensporter. Den klippiga och alltid lika intressanta kustlinjen som sträcker sig söderut från Bjärehalvön längs efter Skälderviken och vidare längs Öresund, kan erbjuda till synes ändlösa badständer och många tillfällen till fiske i havet. Längre inåt landet finns några av Sveriges vackraste vattendrag och höjder, förenade med hjälp av mil efter mil av smala landsvägar och byvägar som är idealsika för vandring eller cykling. I denna nordvästra del av Skåne finns det inte mindre än ett tiotal golfbanor och många, många andra friluftsanläggningar, och även konstälskarna kommer att finna mycket som intresserar dem.

Båstad och Bjärehalvön

Bjärehalvön, en landtunga som skjuter ut i Kattegatt och bildar Skäldervikens norra kust, har en ovanligt omväxlande topografi på grund av Hallandsåsen som följer dess nordöstra kust. Hallandsåsens rygg är rikligt bevuxen med gran och tallskog som erbjuder skuggiga promenader och utmärkta platser för en utflykt i det gröna. Inte alltför långt härifrån finns de ljungbevuxta hedar, med allt det innebär av fågelliv, som Bjäre också är känt för.

Båstad, samhället som är värd för de årligt återkommande tennistävlingarna Swedish Open, är en av denna kusts mest populära rekreationsorter för de som har råd med det bästa som kan erbjudas. Numera har Båstad blivit något av tummelplats för Jet-setet, med golfbanor och de berömda tennis-tävlingarna i juli. Båstad och Bjärehalvön var bland de första områdena i Sverige som befolkades, och har därför ett flertal fornlämningar, bland annat runstenar från vikingatiden och gravplatser från ännu tidigare epoker. En bit inåt landet, vid Malen, finns en gravsättning från 1000-talet som innehåller stenblock resta i form av en båt, en så kallad skeppssättning. Där finner man även ett antal ovanliga och trevliga hus.

Namnet Båstad härrör från tiden Skåne var Danskt, och härstammar från det Danska ordet "Bostede" vilket betyder båtplats. Passande nog ligger inte långt från Båstad en liten by, ursprungligen en fiskeby, Torekov, varifrån det är möjligt att ta en båttur till Hallands Väderö, som är ett naturreservat. Entusiasterna inleder här segelsäsongen redan vid påsk-tid varje år och det finns Windsurfing-kurser att tillgå hela sommaren.

Ängelholm-keramikcenter och semesterort

Nästan rakt söderut från Båstad och längst in i Skälderviken ligger Ängelholm, en stad grundad år 1516, av Kristian II för att ersätta en tidigare stad, Luntertun, belägen alldeles norr om Rönne å. Den nuvarande staden är ett paradis för semesterfirare, och erbjuder sina gäster bland mycket annat en magnifik sandstrand, inomhusbassäng, skridskobana, golfbana, idrottsanläggningar och en småbåtshamn. Alldeles i närheten ligger Klitterbyn, Svenska skogsvårdsstyrelsens semesterby, bestående enbart av ovanliga och vackra timmerstugor. Ängelholm är välkänt för sin keramik-tillverkning och sin något ovanligare specialitet — tillverkning av lergökar. Längre innåt landet, nordost om Ängelholm ligger två mycket attraktiva och naturskönt belägna sjöar, Rössjön och Västersjön, som erbjuder ett fantastiskt fint fiske sedan man löst fiskekort. Har man lust finns det även möjlighet att hyra segelbåtar.

Kullahalvön och Höganäs

Udden som bildar Skäldervikens södra kust är Kullahalvön, på vars ytterst spets norra Europas ljusstarkaste fyr, Kullens fyr, är belägen. Högt uppflugen på Kullabergs bergiga kust erbjuder fyrtornet en hänförande utsikt över Kattegatt och Öresund, samtidigt som det omgivande fågellivet får en hängiven ornitologs puls att slå några extra slag. Längs med kusten runt Kullahalvön finns många livfulla små båthamnar och fiskelägen — hela området är verkligen pittoreskt.

Reser du från Kullen söderut längs med Skånes kust kommer du till Mölle, en mycket tilltalande rekreationsort, och når därefter Krapperup, där ett mycket fint slott från 1200-talet är beläget — väl värt ett besök. Höganäs, huvudort i denna del av Skåne, är belägen på ett klippigt kustavsnitt som alltid lockat fågelskådare, bergsbestigare och dykare till sig. Museet i Höganäs ståtar med Sveriges finaste samlingar av saltglaserad keramik och "Höganäs gula". Musset har även en speciell avdelning som behandlar gruvtekniker från förr.

Helsingborg, Hamlet och allt det där

Längre söderut, vid Öresund, står två stora slott mittemot varandra, nu, såväl som under de århundraden av split och missämja som historien berättar om. Helsingborg på den svenska sidan av sundet och Kronborg i Helsingör på den danska. Kronborgs slott är förstås det slott som figurerar i Shakespeare's Hamlet, det Kronborg där Hamlet den äldres spöke enligt skalden skall ha vandrat fram på skyddsvärnen. Från Kärnan i Helsingborg kan man se tvärs över sundet till det stora slottet på andra sidan, en mycket vacker och minnesvärd upplevelse. Att nattetid se ut från Kärnan, mot den danska Själlandskusten mer än tre kilometer längre bort, där ljusen är tillräckligt starka för att kallas "Drottning Ingrids halsband" är en annan oförglömlig upplevelse.

Staden Helsingborg är ungefär nio hundra år gammal, och för många Sverige-besökare det första de ser av Sverige. För det är till Helsingborg som ungefär 17 miljoner resande per år, många med egen bil, kommer med färjorna från Helsingör. Färjor som under sommarens högtrafik går var sjunde minut. På grund av den konstanta internationella trafiken har Helsingborg en mera kosmopolitisk karaktär än de flesta andra städer i Sverige, med många restauranger som serverar utländsk mat och ett sorl av främmande språk.

Landskrona och ön Ven

Åker du ytterligare söderut från Helsingborg når du snart Landskrona, en stad med cirka 35.000 invånare. Landskrona är ett viktigt industricentra, samtidigt som turistnäringen blomstrar. Grundad 1413 av Erik av Pommern, på en plats där fiskeläget Södra Säby tidigare legat, blev Landskrona tidigt en mycket viktig stad, beroende på att kung Kristian III av Danmark byggde Landskrona fästning för att befästa staden år 1549. Efter det att Skåne kom i svenska händer byggdes fästningen ut och förstärktes ytterligare, och är nu en av Skandinaviens största och bäst bevarade fästningar från 1600-talet. Sveriges regering beslöt år 1747 att den gamla bebyggelsen i Landskrona skulle rivas för att ge plats för ytterligare befästningar, varvid en av Skånes då största kyrkor, Johannes Döparens kyrka, revs. Landskronas nya bebyggelse uppfördes till största delen på mark som vunnits från havet. Tack vare en ovanligt bördig jord och ett gynnsamt klimat så har Landskrona blivit ett världsberömt center för forskning och framkorsning av nya grönsaksprodukter. Mycket av stadens ansträngningar och resurser satsas även i turistindustrin och i gynnandet av olika sportevenemang. Borstahusen är ett stort rekreationsområde strax norr om staden där man bland mycket annat finner en småbåtshamn, badstrand, golfbana samt en campingplats. I själva staden finns det möjligheter att utöva sporter såsom tennis, simning, motorcross, bordtennis och gymnastik, allt i anläggningar som håller högsta internationella standard. Ett besök i de gamla barackerna är någonting du säkert kommer att uppskatta, där finns ett av de mest intressanta och omväxlande museerna i hela Skåne, samlingarna inkluderar bland mycket annat "Gräshoppan", Sveriges kanske första hembyggda flygplan.

Ett speciellt ställe som verkligen är värt en liten utflykt är ön Ven, belägen i Kattegatt väster om Landskrona. På grund av att ön och båtturerna dit är mycket populära sommartid så lönar det sig att arrangera överfarten i god tid om man har möjlighet. Det var på Ven som den stora 1500-tals astronomen Tycho Brahe uppförde sitt observatorium och sitt slott, Uranienborg, där det enda som återstår är de gräsövervuxna grundmurarna. Svenskarna, som är ett företagsamt folk, har emellertid rekonstruerat obeservatoriet, vilket är mycket intressant och inspirerande att besöka. Ön erbjuder även fina möjligheter till bad och olika vattensporter och den motortrafikfria miljön inbjuder till promenader och cykelturer.

Åstorp och Söderåsen

Nästan mitt i nordvästra Skåne finner man Åstorp, grundad på 1000-talet, belägen vid Söderåsens nordligaste spets. Söderåsen, vars höglänta terräng lämpar sig utmärkt för vandringar i kuperad mark, når man enklast via Tingvalla.

Sydost om Åstorp, ligger Kvidinge, vars genuina och hantverksmässiga traditioner finns kvar än i våra dagar. Porslin, keramik och textilier tillverkas fortfarande på samma sätt som för århundraden sedan.

Gruvdrift, jordbruk och mat i Bjuv

Området Bjuv, väster om Söderåsen, innehåller orterna Billesholm, Ekeby och förstås, Bjuv. Trots att detta område övervägande får sin näring av jordbruket har orten en märkvärdig historik när det gäller kolbrytning, som sedan starten i mitten på sjuttonhundratalet så att säga fullbordat ett kretslopp. De första gruvorna som bearbetades var dagbrott, och möjligheten för folket på landsbygden att tjäna mera pengar vid gruvorna och på så sätt säkra morgondagens måltider fick dem att flytta från landsbygden till Bjuv — till att börja med för att ta anställning vid gruvorna, senare för att arbeta vid någon av de industrier som växte upp i anslutning till gruvdriften. Under hela artonhundratalet accelererade "gruvrushen", mycket tack vare att brytningen nu gick på djupet och tekniken utvecklades allt mer. Folk från hela Sverige flyttade nu till området — en inflyttning som fortsatte ända fram till början av nittonhundratalet, vilket berodde på att fler och fler arbetstillfällen skapades i området tack vare den stadigt ökande industrialiseringen.

Under senare delen av nittonhundratalet blev de gamla gruvorna inte längre lönsamma, vilket i sin tur berodde på att den alltmer utbredda användningen av vattenkraft medfört en minskad efterfrågan på kol. Den sista av gruvorna stängdes 1979 och har nu blivit ett gruvmuseum. Trots nedläggningen av gruvorna så bryts återigen kol från dagbrott i Bjuv. Bjuvs största industrier idag är AB Findus, tillverkare av djupfryst mat, och mineralulls-tillverkaren AB Gullfiber, beläget i Billesholm.

Naturligtvis finns det mycket annant än industrier i Bjuvområdet, vacker natur till exempel. På sommaren växer säden högt och fälten är gyllengula av moget vete och mörkgröna av olika frukt och grönsaksodlingar. Vilda blomster finns i överflöd hela sommaren igenom och när hösten kommer får bokskogarna en magnifik djupröd färg. Tycker du om att vandra och uppleva naturen på det viset, bör du bege dig till Mölledammarna nära Billesholm, ett underbart vidsträckt strövområde som ger dig möjlighet att verkligen njuta av Bjuv-områdets skönhet.

Örkelljunga~ett sjödistrikt i miniatyr

Långt upp i nordvästra Skånes nordöstra del ligger Örkelljunga-distriktet, som bland mycket annat kan erbjuda det bästa insjö-fisket i hela området. Distriktet kan även erbjuda centra för segling, kanoting, rodd och andra vattensporter vid ett antal sjöar runt om i distriktet, varav Hjälmsjön, Åsljungasjön och Hålsjön är speceillt värda ett omnämnande.

Från sjöarna sluttar stränderna uppåt, ibland med ganska brant lutning; sluttningar som ofta är tätt bevuxna med höga tallar från vattenbrynet och uppåt. För den som har siktet inställt på friluftsliv och lite umbäranden finns ett antal markerade vandringsleder varav en del kan vara ganska så krävande. För barnen är en tripp till "Vikingaland" ett måste, de kommer att ha sagolikt roligt med alla förlustelser som är belägna utomhus.

Klippan och Rönne å

Nordost om Söderåsen finner man distriktet Klippan, vackert beläget mellan södra och västra Skånes slätter och skogarna norrut. Trakten runt staden Klippan med sitt pappersbruk, sina läderindustrier och ull-förädlingsfabriker, är mycket varierande och intagande — sjöar, bördig åkermark, åar och mindre vattendrag tävlar om att förnöja betraktarens öga. Väster om Ljungbyhed finns ett stort område som, vilket hörs på namnet, till största delen består av ljungbevuxen hedmark. Genom hela distriktet flyter Rönne å, mycket populär bland kanotister, speciellt ett forsavsnitt vid Djupadal.

För den som är intresserad av fåglar i naturlig miljö är ett besök vid Store Damm, strax nordost om Ljungbyhed ett måste. Många sällsynta fåglar har där sina häckningsplatser, och vid rätt tidpunkt på året kan besöket bli mycket givande, likväl som ett besök i den lilla byn Kirka ungefär en halvmil från Klippan, där den lilla keramikverkstaden som drivs av Per Branner gärna tar emot besökare mellan kl. 9.00 och 15.00 varje veckodag.

Svalöv~det mest produktiva jordbruksområdet i Svergie

Svalöv-distriktet, beläget i södra delen av nordvästra Skåne, är en mycket bördig och fruktbar del av Skåne, där många olika grödor odlas med framgång. Huvudorterna är Svalöv självt, Teckomatorp, Billeberga och Tågarp. Arekologiska utgrävningar i detta område visar att området var bebott redan för 10.000 år sedan, då Östersjön fortfarande var åtskild från Nordsjön. Många spännande och fascinerande fynd kommer bland annat från Bare mosse. Norr om Svalöv blir terrängen mer bergig och kuperad när man närmar sig Söderåsen. Skånes högsta punkt, cirka 250 meter över havet ligger nära Stenestad, inte långt från Röstånga. Denna vackra ort har mycket att erbjuda turisten, en av anläggningarna är Röstånga sommarland med allehanda aktiviteter för såväl barn som vuxna. Det bästa stället för vandrare och andra som älskar friluftslivet att börja sitt besök i Nordvästra Skåne är just Röstånga — men där måste vi lämna nordvästra Skåne för att fortsätta mot Lund och sydvästra Skåne.

4. Sveriges sydligaste region~sydvästra Skåne

I flera avseende kan sydvästra Skåne sägas vara navet som landskapet roterar runt — universitetsstaden Lund och Malmö, den kosmopolitiska staden som är känd för de gastronomiska upplevelser den kan erbjuda. Som om detta inte vore nog finns det mycket annat att uppleva i området, speciellt för besökaren utifrån. För den som besöker detta område för första gången står det snart klart att de människor som bor i Sveriges sydligaste del tycks vara ovanligt lyckliga och tillfreds. Faktum är att många turister vid sina besök i Skåne börjar fundera på hur dom skall kunna ändra sina liv för att på något vis kunna bosätta sig i denna vackra del av Sverige.

Mellanskåne

Låt oss först börja nordost om Lund, precis i mitten på Skåne — Mellanskåne det område som avgränsas av Eslöv i väst, Hörby i öst och samhället Höör alldeles ovanför dess centrum där den vackra sjön Ringsjön är belägen. Ringsjön är delad i nästan två separata sjöar, västra Ringsjön och östra Ringsjön, av en landtunga där det historiskt unika och mycket vackra slottet Bosjökloster är beläget med den omgivande skogen och sjön vackert kontrasterande mot de vitkalkade pittoreska murarna. Från början ett Benedictiner kloster, grundades Bosjökloster på 1080-talet och den magnifika matsalen i slottet stammar från den tiden, så gott som orörd genom seklen. I matsalen finns det brev som påven Innocentius VI utfärdade för att befästa klostrets privilegier och rättigheter fortfarande bevarat. Slottet tillhör och bebos fortfarande av släkten Bonde av Björnö, men stora delar av slottet och de magnifika trädgårdarna står öppet för allmänheten mellan April och Oktober varje år. Förutom de självklara sevärdheterna såsom slottet och dess fantastiska trädgårdar finns det även en restaurang och ett zoo för barnen samt möjligheter att ta en simtur i sjön. Alldeles i närheten ligger det en utmärkt golfbana, och ett besök i trakten kan varmt rekommenderas.

Självklart så finns det fler praktfulla slott än Bosjökloster i detta område. Några mil från Eslöv finner man de båda Trolleslotten, vilka besitter en skönhet av sällan skådat slag. Trollenäs och Trolleholm som de heter, ägs båda av familjemedlemmar tillhörande den anrika släkten Trolle, och är vart och ett omgivet av tusentals tunnland park, tillgängliga för allmänheten.

Många besökare tycker om att ta sig fram i detta natursköna område per cykel, och speciella kartor för cyklisten tillsammans med detaljer om var och hur man kan hyra sig en cykel finns att tillgå på turistbyråerna i områdets huvudorter. Hur du än väljer att ta dig fram i Mellanskåne så kommer du att finna det vackra landskapet med sjöar, skogar och kullar förtrollande — speciellt sommartid i kvällssolens sken. Försök att hinna med ett besök på Gamlegård, en sextonhundratals-gård som drivs som ett museum med metoder och redskap från svunna tider, belägna vid Billinge, norr om Eslöv. Det berömda djurreservatet nära Hörby bör du också försöka hinna med.

Lund~Sveriges skönhet från förr runt omkring dig

Den forntida staden Lund är modern i det avseendet att det bara tar femton minuter att ta sig dit med tåg — något längre per bil — från Malmö som ligger sydväst om staden. Trots det har staden en gammaldags, utpräglad karaktär. Lund grundades av kung Knut den store år 1020 och döptes till Londinum Gothorum efter London, som då hörde till kung Knuts domäner. En gång i tiden huvudort för hela Skandinavien, skulle Lund utvecklas till ett akademiskt center vid tiden för reformationen, allt eftersom andra städer som Stockholm och Köpenhamn fick ökat politiskt inflytande. Universitet i Lund kvarstår som ett av de mest välrenommerade i hela Europa. Domkyrkan i Lund med sina två karakteristiska spiror har varit ett landmärke för resande i nordvästra Skåne sedan elvahundratalet. Invigd i mitten på elvahundratalet är Lunds domkyrka utan tvekan det finaste exempel på Romansk byggnadskonst i hela Skandinavien och är samtidigt det äldsta ärkebiskopssätet i de Nordiska länderna. En av de populärare attraktionerna Domkyrkan erbjuder sina tusentals besökare är det berömda astronomiska uret som varje dag klockan 12.00 (13.00 på söndagar) och klockan 15.00 bjuder på ett fantastiskt skådespel: hästburna riddare stöter samman, trumpetare blåser fanfar, orgeln spelar "In dulce jubilo" och dörrarna i klockspelet öppnas och de tre vise männen kommer ut för att bringa Jesusbarnet sina hyllningar. I Domkyrkan finner man också bland annat den unika altartavlan från trettonhundratalet, och de utsökt vackert arbetade kör-båsen. I kryptan finns ett högaltare, också det från elvahundratalet. Här finner man dessutom de anmärkningsvärda pelare som enligt de med inte fullt så livlig fantasi representerar Abraham och Lasarus, de med livligare fantasi vidhåller att de båda pelarna föreställer jätten Finn, som byggde kyrkan, och hans kvinna.

I Lundagård-parken ligger Kungahuset, en röd tegelstensbyggnad som uppfördes sent på 1500-talet som ett residens åt kung Fredrik II av Danmark, som då härskade i Skåne. Byggnaden är nu ett annex till universitetet, från att tidigare ha varit universitetet fram till 1882 då de nuvarande byggnaderna uppfördes. Universitetet grundades 1666, och där finns nu runt 20.000 studerande, många från utlandet.

Någonting alldeles unikt i museiväg är Konstmuseet i korsningen Sölvegatan — Finngatan i Lund. Här har man istället för att enbart ställa ut och visa de färdiga konstföremålen valt att gå några steg längre, man visar samtidigt med det färdiga alstret de skisser och arbetskopior (när det gäller skulpturer, gips-miniatyrer och fullskalemodeller) som legat till grund för det färdiga konstverket. Botaniska trädgården är ett ställe man inte bör missa, speciellt inte om man är intresserad av plantor, blommor och trädgård i allmänhet. Känner du för att gå upp tidigt någon morgon så kan ett besök på Mårtenstorget, där den genuina atmosfären känns i luften när man går mellan de gamla torgstånden, verkligen rekommenderas. Ett mål mat i gammal miljö kan man få på Stäket, en "krog" där man sitter i de gamla källarvalven från 1400-talet, beläget i ett av de gamla husen med trappstegsgavlar som är så typiska för Lund. Mat till något rimligare priser finner man oväntat nog i varuhusens cafeterior, vilka håller en mycket högre standard än sina utländska motsvarigheter (detta gäller för praktiskt taget varenda svensk stad).

Någonting som verkligen är en upplevelse, om du har möjlighet att arrangera det förstås, är att vara i Lund under firandet av Valborgsmässoafton den sista april. Denna företeelse är naturligtvis spännande, färgrik och mycket rolig att vara med om var man än befinner sig i Skandinavien, men mängden av stojiga studenter som har satt sig till sinnes att göra kvällen och natten oförglömlig bidrar till att göra Valborgsmässoaftonen i den sprudlande studentstaden Lund till någonting alldeles speceillt.

Vidare till Malmö

Malmö är Skånes huvudort och Sveriges tredje stad med en befolkning på cirka 235.000 invånare. Lustigt i detta sammanhang är att under en period i Skånes något förvirrade förflutna var Malmö Danmarks andra stad, efter Köpenhamn, under femtonhundratalet. Under sina sjuhundra år som stad har Malmö hunnit med att dels vara huvudstad i ett fritt och oberoende Skåne, dels vara en svensk stad bara för att år 1360 bli dansk stad under en kort period för att år 1370 bli ett protektorat under Hansa-uninonen, ett förhållande som varade fram tilll 1385, då Malmö och Skåne blev danskt igen. Detta i sin tur gällde ända fram till freden i Roskilde 1658, som slutgiltigt gjorde Skåne till en del av Sverige.

Beskriven av Carl von Linné under hans resa genom Skåne på 1700-talet som "en av de mest betydande städerna i konungariket", verkade Malmö redan då ha något av karaktären som utmärker staden idag, för något år efter Linnés besök sade Carl Christopher Gjörwell om staden: "Det är mycket mer liv och rörelse här än i andra Skånska städer, och dessutom har Malmö samma känsla som en utländsk stad".

Malmö expanderade snabbt, från endast ett par tusen invånare 1713 till 5000 invånare år 1800, för att några år 1910 hysa inte mindre än 83.373 personer inom stadsgränsen. Trots att staden i dag bebos av nästan tre gånger så många människor verkar den mindre och atmosfären är betydligt intimare än vad statistikens siffror kan få en att tro. Malmö har mycket att erbjuda den eller de besökare som inriktar sig på att försöka upptäcka så mycket som möjligt av det som Malmö har att erbjuda. I omedelbar närhet av stadskärnan ligger det massiva och mycket imponerande slottet Malmöhus, ett mycket tilltalande medeltida byggnadsverk, omgivet av storslaget vackra sjöar och parkanläggningar. I de vackra och välhållna parkerna finns ett flertal skulpturer av Carl Milles utplacerade, däribland den förnämligt utförda "Pegasus" — en bevingad häst med tillhörande ryttare som till synes seglar genom rymden. Det var förresten i Malmöhus som Maria Stuarts tredje make, Lord Bothwell, satt inspärrad mellan 1568 och 1573.

Pildammsparken utmärker sig genom att vara Sveriges största park belägen inom stadsplanerat område, med ett överflöd av planterade träd och buskar, allt mycket smakfullt och vackert. Kungsparken, vackert belägen med vattnet som omger den, nås med en kort promenad via Gustav Adolfs Torg. Väl där är det bara att gå ytterligare ett kort stycke över den bro som leder till Slottsparken. Sommartid är det en god idé att åka med någon av de turistbåtar som går genom stadens kanaler och på så sätt få tillfälle att beskåda parkanläggningarna och de gamla unika byggnaderna från vattnet.

Malmö kan också skryta med en av Sveriges äldsta kommunala byggnader som uppfördes 1546, och ståtar med ett magnifikt grönt koppartak. En annan byggnad som Malmö med all rätt är stolt över är St. Peterskyrkan. Uppförd i tegelsten och byggd i Östersjö-Gotisk stil någon gång runt trettonhundratalet är den också stadens äldsta byggnadsverk. Lilla Torget iord-ningsställdes 1591, helt belagt med kullersten och omgivet av några av de finaste sexton- och sjuttonhundratalshusen, av vilka några av de intressantaste är Hedmanska gården, Aspengrenska huset, och Ekströmska gården. På annan plats i staden finner man bland andra fina hus exempelvis Jörgen Kocks hus, beläget på Frans Suells gata 3. Detta hus uppfördes en gång i tiden åt en av kronans skatteindrivare och inhyser numera en charmant källarrestaurang vid namn Kockska Krogen. Kompanihuset uppfördes åt ett handelshus någon gång på 1500-talet, det är numera renoverat och allmänheten har tillträde dit och ett besök där är även det värt besväret. Tycker du om de tidiga morgnar vi nämnde tidigare i boken kan du ta tillfället i akt och bege dig till Möllevångstorget i arla morgonstund, dit odlare från den omgivande landsbygden kommer för att avyttra sina produkter, i första hand grönsaker och blommor. Kommersen där är livlig när uppköpare från staden likväl som privatpersoner vill ha de bästa och billigaste varorna.

Trots alla gamla traditioner är några av stadens förnämligaste attraktioner i huvudsak moderna, inklusive restaurangen i Hotel Savoy vilken även tjänstgör som "högkvarter" åt Svenska Gastronomiska Sällskapet. Att äta är i det närmaste ett sätt att leva i Malmö, och av alla städer i Sverige bjuder Malmö på en garanterat minnesvärd upplevelse om man skulle ha turen att bli inviterad till en affärslunch.

Malmö kan också göra anspråk på att ha ett av de bästa shoppingcentren i Sverige. En verklig höjdpunkt bland alla butiker är Silverbergs Möbler på Baltazarsgatan 31, vars utställningar av glas och kristall är häpnadsväckande i all sin skönhet. Barn som tycker om gamla traditionella leksaker kommer att bli överförtjusta vid ett besök på Charlotte Weibulls Dockcenter på Gustav Adolfs torg 45. Affären ser precis ut som ett dockhus och är sprängfyllt av leksaker och presentartiklar. Det finns mycket mer att se i Malmö, till exempel en av Europas största och bästa teatrar, en magnifik idrottsarena och en årlig handels- och industri-mässa, Skånemässan, som under september månad lockar till sig besökare från hela Europa. Väl värt att veta för dig som har tänkt tillbringa en dag eller två i Malmö, är att Malmökortet, som finns att köpa på flygplatsen, tågstationen eller turist-byrån, ger dig rätt att utnyttja de allmänna transportmedlen inom staden samt även fritt inträde eller reducerad inträdesavgift till de olika tursitattraktionerna. Kortet är med andra ord ett riktigt kap.

Vidare söderut

Inte mer är 32 kilometer från Malmö, på Sveriges sydvästligaste spets, ligger de mycket små och pittoreska tvillingstäderna Skanör och Falsterbo, två förtjusande städer, speciellt för de som älskar gamla, unika byggnader och trivsam atmosfär. Sand-stränderna i denna del av Skåne kan inte beskrivas med ord, de måste helt enkelt upplevas. Dessa egenskaper göra att områ-det är mycket lämpligt för de som har tänkt sig att semestra med barnen. Trelleborg, på sydkusten, är även det en stad som är väl värd ett besök, där finns många intressanta gamla byggnader och andra sevärdheter.

Skånes böljande fält och kullar rymmer bokstavligt talat hundratals slott och fina, befästa herresäten som daterar sig från den tid då stor missämja rådde och Sverige och Danmark stred om vem som skulle ha makten i området. De flesta av dessa byggnader ligger fantastiskt vackert i landskapet, omgivna av välhållna parker och stora tomter, flera av dem har också vall-gravar. En del av slotten och herrgårdarna tillhör fortfarande samma släkter som för århundraden sedan byggde dem. Endast ett fåtal av dem är öppna för allmänheten, men de som är det bjuder besökaren på en enastående arkitektur och underbara trädgårdsanläggningar.

Om du har bilen med dig på ditt besök i Skåne kan du med fördel köra från Malmö och Skånes sydvästra hörn mot Ystad och sydöstra Skåne, vilket är den del av Skåne nästa kapitel handlar om. Innan det så finner man några sevärdheter som man bör passa på att besöka på vägen, exempelvis Torups slott, mindre än två mil sydost om Malmö. Torups slott är ett befäst herre-säte från femtonhundratalets mitt och har trots sin imponerande massivitet lyckats behålla sin hemtrevliga atmosfär som är så utmärkande för många av Skånes slott. Detta i sin tur beror på att många av dem inte byggdes som befästa slott från början. De kan snarare liknas vid de Franska slotten än de massiva borgarna i Tyskland och Storbrittanien. Ett annat mycket talande exempel på detta är Svaneholms slott, med en berömd restaurang i källaren, byggt cirka femtonhundratrettio. Enligt den lokala turistbyrån har tidningen Gourmet Magazine beskrivit Svenholms slott så här: "en kulturell, historisk och gastronomisk pärla." Svaneholm har även ett museum som upptar fyra våningar, vilket är öppet för allmänheten.

5. Ystads och sydöstra Skånes fröjder

Skånes sydöstra hörn har färre sjöar än övriga delar av landskapet, men är trots det lika vackert med ett böljande landskap och färgrika barr- och lövskogar. Områdets främsta attraktioner bland många andra är den pittoreska staden Ystad med anor från medeltiden, Kristinehov — Österlens rosa slott, slottet Glimmingehus nära Simrishamn och den vackra gamla staden Åhus. Vi skall försöka behandla dessa och andra sevärda städer, byar och landmärken i det kapitel som följer.

Ystad~Ett besök i medeltidens Skåne

Ystad är utan tvekan det bäst bevarade exemplet på hur en medeltida Svensk stad kunde se ut, med smala vindlande gränder, korsvirkeshus vars översta våning sticker ut över gatan och små vackra och intressanta butiker. Trots detta är Ystad en i allra högsta grad levande stad, med en folkmängd av cirka 24.000 personer och ett blomstrande näringsliv. Även om det finns några få storindustrier i och omkring staden, i huvudsak olika maskintekniska industrier och mat-tillverkare, så är områdets stora styrka förekomsten av ungefär sexhundra småföretag, med mindre än 20 anställda vardera, vilka driver affärer och har tillverkning inom de mest skilda verksamhetsområden. Till detta kommer ytterligare ett åttiotal företag med 20 till 80 anställda. Många av de mindre företagen tillverkar olika hantverksprodukter, och deras produktion är av naturliga skäl till viss del beroende av turistnäringen. Men även utan turismen skulle Ystad vara ett välmående samhälle, till stor del beroende på att det från hamnen i Ystad finns reguljära färje-linjer till Bornholm och dagliga färjeturer över Östersjön förbinder Ystad med Polen. Därigenom är Ystad en viktig länk i handelskedjan till östra och södra Europa.

Det oaktat är det ändå som en kvarleva av livet från forna tider som Ystad mest har att erbjuda sina besökare — det finns mycket att se i denna anrika stad. En av de mest kända byggnaderna i staden torde vara Per Hälsas gård, vilket är ett kvarter av korsvirkeshus, innehållande både bostäder och butiker. Även om det finns liknande välbevarade hus i både Tyskland och Storbritannien så är detta kvarter någonting unikt för Skandinavien. Gården har fått sitt namn efter den sista privata ägaren, Per Hansson, som drev affärsrörelsen "Vattenfabriken Hälsan" i lokalerna.

I hörnet av Stora Östergatan och Pilgränd finner man Skandinaviens äldsta bevarade korsvirkeshus, delar av det har daterats till 1500-talet. Känt under benämningen Pilgrändshuset hyste det Ystads första apotek och var det första i en serie av fina och värdefulla hus som renoverades. Arbetet med detta påbörjades 1947. Vidare utmed Stora Östergatan, i hörnet av Gåsegränd, ligger Aspelinska gården, ett privatägt korsvirkeshus som i slutet av sjuttonhundratalet var den berömda guldsmeden Johan Aspelins verkstad.

Ystad är också den stolta innehavaren av en av Sveriges bäst bevarade klosterbyggnader, ett munkkloster vid namn Gråbrödraklostret, som även innefattar den vackra kyrkan St. Petri. Helgad den sjätte juli år 1267, växte klostret och kyrkan till en fyrkantig byggnad i slutet på fjortonhundratalet. Efter att använts till bland annat kungligt Brännvins-bränneri, restaurerades klostret år 1909, medan kyrkan fick vänta till 1965 innan den renoverades. Klostret helgades återigen den sjätte juli 1967, på dagen sjuhundra år sedan det först blev helgat.

Ett annat mycket fint korsvirkeshus finner man på Stora Västergatan 6, där enligt sägnen Karl VII skulle ha bott under sina två besök i staden. Det finns många andra fascinerande och intressanta hus i staden, däribland Ystads mest utsmyckade hus — Hans Raffns gård — även kallat änglahuset på grund av de snidade änglar som pryder husets framsida. Huset uppfördes år 1630. Mittemot Änglahuset ligger Brahehuset, ett tegelhus från slutet av 1400-talet, huset var släkten Brahes bostadshus i staden. Släkten Brahe var en av de stora godsägarna i trakten. Man kan beskriva Ystads många hus och andra sevärdheter i flera sidor till i en bok som den här, men utrymmet är begränsat och sydöstra Skåne har mycket annat att erbjuda. Vi får nöja oss med det här och understryka att inget besök i Skåne kan sägas vara fullständigt om man inte har tillbringat åtminstone några timmar i Ystad.

Fornminnen, Slott och Krykor

Längs Skånes sydkust i närheten av Ystad, finns det gott om fornlämningar från vikingatiden, andra fynd kan härledas ännu längre bakåt i Skandinaviens historia. Att besöka dessa fornminnen kan ge en fascinerande inblick i historien bakom det nutida Sverige och Skåne. Sveriges forntid och arvet från vikingatiden är mycket verkligt och betydelsfullt för Svenskarna, mer än vad exempelvis Romarnas ockupation eller den Saxiska perioden har betytt för Engelsmännen.

Om man tar sig österut från Ystad, längs med kusten, når man Kåseberga där det ligger en Skeppssättning högt upp på klipporna ovan havet. Detta fornminne från järnåldern är känt som Ales stenar, och är 67 meter långt. Formationen består av noga bearbetade stenar som rests i form av ett skepp. Klart är att Skeppssättningen måste haft en viktig religiös betydelse för de människor som planerade och utförde ett sådant väldigt arbete så långt tillbaka i tiden. En liknande, fast mindre, Skeppssättning vid namn Disas Ting finner man söder om stora vägen vid Svarte.

Längre inåt landet ligger det flera begravningsplatser från bronsåldern (oftast gravhögar) bland annat vid Köpingebro samt Hedvigsdal, inte långt från Ystad. Gravkummel och gravfält från stenåldern finns också på olika ställen i området, därav kan Ingelstorp, Ramshög och Karlshög nordväst om Högestad särskilt nämnas.

Runstenar finns det gott om i hela södra Sverige, men i området runt Ystad finner man ovanligt många. I exempelvis Skarbys och Bjäresjös kyrkogårdar finner man fina exempel på denna säregna konstart. En av de mest intressanta och belysande exemplen på runstens-konsten finner man i Krageholms slottspark, där texten på stenen lyder ungefär så här: "Toma reste denna sten till minne av Bram, hennes man, tillsammans med deras son Asgot. Han var den bäste av kamrater och mycket frikostig med mat."

I hela sydöstra Skåne finns det gott om kyrkor, och en av de mest sevärda är kyrkan i Bjäresjö med sina sandstensväggar dekorerade med Romanska friser. Taket är i ek och har omfattande sniderier föreställande Drakar och andra figurer ur mytologin. Kyrkan är även prydd med fina väggmålningar och predikstolen är från 1620. Flera andra kyrkor är av stort intresse, bland andra kyrkorna i Stora köpinge, Löderup och Valleberga. Valleberga kyrka innehåller resterna av Skånes sista rundkyrka.

Av alla slott och herresäten i området finns det ett par, tre som är väl värda att nämnas i sammanhanget — Glimmingehus, ungefär en mil sydväst om Simrishamn och Bollerup, på vägen mellan Hammenhög och Tomelilla. Glimmingehus anses vara den mest välbevarade fästningen i Skandinavien och innehåller dessutom ett mycket intressant och givande museum. Byggt mellan 1499 och 1505 är Glimmingehus verkligen en sevärdhet som välkomnar besökare varje dag mellan den första april och trettionde september varje år. Bollerup är ett mycket vackert herresäte, uppfört år 1752. Beläget cirka en mil sydost om Tomelilla är Bollerup verkligen värt det lilla extra besvär det medför att arrangera ett besök där. Omgivet av många välbevarade korsvirkeshus är det verkligen en sevärdhet, telefonnumret till arrangören får man hos den lokala turistbyrån, vars personal mer än gärna ställer upp och hjälper till.

Det kanske mest betydelsefulla och anmärkningsvärda av alla sydöstra Skånes slott och andra fina byggnadsverk torde utan tvekan vara Kristinehov, uppfört på sjuttonhundratalet av ett energiknippe till kvinna vid namn Kristina Piper. Denna överväldigande kvinna byggde på praktiskt taget egen hand upp Alunindustrin i Andrarum och hon såg personligen till att denna industri växte och utvecklades för att i början på 1800-talet vara den största enskilda industrin i Skåne. När hon var på toppen av sina framgångar sysselsatte hennes industri 900 människor i området. Endast sjutton år gammal hade hon gift sig med en av Karl XII:s hovmän — Carl Piper, som under kungens Ryska fälttåg blev tillfångatagen för att senare dö i ett fångläger. Innan kriget ändade hans liv hade han varit en mycket framgångsrik affärsman och det var naturligt för Kristina att följa i hans fotspår. Hon byggde och utvidgade sitt imperium till dess att nästan halva Skåne tillhörde henne. Alunindustrin upphörde i början av detta århundrade och Kristinehov förblev obebott från 1925 fram till renoveringen efter andra världskriget. Slottet är numera ett magnifikt restaurerat exempel på sjuttonhundratalets arkitekter, med många av rummen återställda till det skick de befann sig i under sjutton- och artonhundratalet. I slottets källarvalv finns ett museum som bland annat visar de verktyg och jordbruksredskap som använts på godset. Allt detta tillsammans gör ett besök på Kristinehov oförglömligt, och kan starkt rekommenderas.

Simrishamn, vackert belägen vid Skånes Östersjökust, är en ovanligt pittoresk stad med många korsvirkeshus och den anmärkningsvärda kyrkan St. Nikolai med sina karakteristiska trappstegsgavlar. På vägen mellan Ystad och Simrishamn ligger Backåkra, den gård som köptes av den dåvarande generalsekreteraren i Förenta Nationerna, Dag Hammarskjöld år 1957. Gården köptes av Hammarskjöld för att han skulle ha någonstans att dra sig tillbaka. Hans död i en flygplanskrash medförde att hans planer naturligtvis gick om intet (han såg sin gård för sista gången 1959). Gården har sedan dess restaurerats och iordningställts enligt hans planer och är öppen för allmänheten från maj till september.

Skånes Östersjösida är ovanligt rik på fornlämningar, särskilt vid Kivik, det stora fruktodlingsområdet, där man har funnit en gammal konungagrav från cirka 1400 f.Kr. Denna grav blev utgrävd av arkeologer 1931. Tar man sig nordost mot Åhus och Kristianstad, är ett besök vid Maglehem att rekommendera. Maglehem är en av de vackraste och mest imponerande kyrkorna i hela regionen. Stiger du in i kyrkan blir du omedelbart belönad av de många väggmålningarna, några så gamla som 600 år. Målningarna har restaurerats på senare år och dom tillsammans med arkitekturen gör Maglehem till den kanske finaste kyrkan i Dansk stil i hela södra Sverige. Många andra kyrkor i Skåne förtjänar dels en plats i Skånes historia och dels ett besök av de som är intresserade. Det ges många möjligheter till att besöka kyrkor, för i hela Skåne finns det runt 150 medeltida kyrkor.

Åhus~Historisk hamn och semesterstad

För de allra flesta som besöker Åhus, belägen vid Hanöbukten, upplevs staden som ett semesterparadis med enorma sandstränder och alla de resurser som krävs för en lyckad familjesemester. Men Åhus har mycket mer än så att erbjuda.

Till att börja med är staden en viktig hamn för Östersjö-trafiken, sedan lång tid tillbaka har Åhus dessutom varit östra Skånes förbindelse mellan Polen och Östersjöstaterna Lettland, Estland och Litauen innan de blev Sovjetiska lydstater.

Det kanske viktigaste för Åhus invånare är de många husen från sjutton- och artonhundratalen, med många pärlor från ännu tidigare sekler som höjer skönhetsvärdet ytterligare. Stadens historia är både egendomlig och intressant i många avseenden. Åhus var ända fram till reformationen år 1536 Skånes betydelsefullaste stad, samt även säte för ärkebiskopen i Lund, vars slott saknade motstycke vad det gällde kyrkliga palats i övriga Skandinavien. Efter reformationen hamnade staden under kungens administration och en stor brand år 1549 förstörde många av stadens byggnader. Slottet förstördes 1569, under det Nordiska sjuårskriget, men ruinerna är synliga än idag. 1614 började kung Kristian IV av Danmark bygga Kristianstad och till följd härav fråntogs Åhus sina stadspriviligier och invånarna tvingades att flytta till den nya staden, de enda som blev kvar var bönderna, fiskarna och hamnarbetarna.

Med tanke på detta så borde Åhus följaktligen börja växa igen, vilket den tack och lov gjorde. Mot slutet av sjuttonhundra-talet, under tiden för Kristianstads belägring, gömde sig Karl XI i skorstenen på Åhus prästgård. Sägnerna berättar att skälet till att kungen överhuvud befann sig i prästgården just då, var en amorös historia med kyrkoherdens hustru. Hursomhelst gömde han sig i skorstennen och lyckades på det viset lura de danska soldater som genomsökte huset på jakt efter honom. Dessa sägner har numera blivit en del av Åhus historia, och besökare till prästgården visas alltjämt till de rum där allt sägs ha ägt rum. Nuförtiden är Åhus ett modernt och attraktivt bostadsområde samtidigt som den gamla stadskärnan har en gammal genuin bebyggelse. Stadens invånarantal på cirka 9.000 personer fördubblas sommartid av de många turisterna som besöker staden.

6. De många sjöarnas distrikt ~ Nordöstra Skåne

Det är i denna vackra del av Skåne som de som uppskattar den traditionella bilden av Sverige, klara blå sjöar och barrskog, kommer att få sitt lystmäte. Många av Skånes insjöar är belägna just i detta område och erbjuder turisten en mängd fritids-sysselsättningar som fiske, segling och andra vattensporter. Dessutom tycks denna del av Skåne erbjuda ett till synes oändligt antal vackra vyer.

Kristianstad-Planerad från grunden

När kung Kristian IV av Danmark beslöt sig för att bygga Kristianstad på ön Allön i Helgeån, utformade han stadsplanen på så sätt att staden skulle bli i stort sett rektangulär och helt symmetrisk. Kungens ritningar följdes noggrant och resultatet av detta syns än idag. Kristianstad blev dåtidens första stad helt planerad efter renässansens idéer i Skandinavien och blev även den första staden i Skandinavien vars bastioner var av Renässansmodell. I dag, mer än 350 år senare, har staden fortfarande en märkbart välplanerad och ordentlig prägel. I mitten av artonhundratalet revs befästningsmurarna för att ge plats åt breda esplanader. Exakt samma sak gjordes i Paris och på grund härav går Kristianstad ibland under namnet "Lilla Paris".

Trots sin elegans saknar Kristianstad, åtminstone med den brittiske betraktarens ögon sett, många av de intressanta sevärd-heter som många av de andra städerna beskrivna i boken har. Missa dock inte Trefaldighetskyrkan, uppförd mellan 1617 och 1628, av många ansedd som den förnämligaste och vackraste renässanskyrkan i de Nordiska länderna. Besök även det lilla envåningshuset på Västra Storgatan 7 — byggt någon gång i början på 1600-talet samtidigt som staden byggdes. Detta hus är ett mycket väl bevarat exempel på de enkla hus som stadens invånare levde i då.

Bäckaskog slott

Runt Kristianstad, en livlig stad cirka 15 kilometer från östersjökusten, ligger de två sjöarna Hammarsjön, söder om staden, och Araslövssjön, norr om staden. Vid Bromölla ligger det ytterligare två sjöar, Ivösjön, strax väster om staden, och Oppman-nasjön, ytterligare längre västerut. Det var på den landtunga som skiljer de båda sistnämnda sjöarna åt som franska munkar någon gång på tolvhundratalet grundade det kloster som numera är känt som Bäckaskog slott. Efter reformationen befästes klostret och övergick i Svenska statens ägo år 1680 för att bli ett militärresidens. Från och med 1818 hyrde kronprins Oskar slot-tet av staten och slottet var från dess fram till 1900 en kunglig tillflyktsort. Det lilla besvär som det medför att arrangera ett besök vid slottet glöms snart vid åsynen av de magnifika trädgårdarna och de många vackra möblerna inuti slottet. Våningarna i slot-tet är möblerade i tidstypisk stil, med många detaljer och föremål från svunna tider.

Hässleholm och Göinge

Öster om Bäckaskog ligger Sölvesborg och Mjällby, två intressanta orter som dock inte hör till denna bok. Det gör däremot Hässleholm, belägen väster om Bäckaskog. Staden med omgivningar hör till de områden i Skåne som absolut inte får missas. Centralt belägen i det sjö- och skogsrika Göinge, har Hässleholm fått sitt namn av den rika förekomsten av Hasselbuskar i området. Stadens omgivningar består av mjuka trädklädda kullar, vattendrag och bäckar som porlar fram genom skogen. Området bjuder bland annat på massor av ställen lämpade för picknick, fiske, bad och i några fall båtar att hyra. Finjasjön ligger sydväst om staden och har förutom campingplatser även sommarkurser i bland annat orientering.

Sydost om Hässleholm ligger Vinslöv, ett samhälle med starka kulturhistoriska traditioner. Detta tar sig bland annat uttryck i utställningar på Västergården, ett lokalt center för kulturhistoria. På Kialtsgården, en gård från 1600-talet, pågår konstutställningar sommaren igenom. Väster om Hässleholm finner man Tyringe, en gammal bad och kurort, numera ett stort konferens- och kurscentrum beläget i de mest natursköna omgivningar. Längre norrut finner man Bjärnum, alldeles i närheten av de båda sjöarna Mölleröd och Bjärlången som erbjuder besökaren allehanda aktiviteter förknippade med vatten, likväl som ett ovanligt stort och välhållet museum som med hjälp av cirka 15.000 föremål åskådliggör den mänskliga kulturens utveckling från 6000 f.Kr. till våra dagar.

Sösdala, ytterligare en bit åt sydväst, är Göinges gamla centralort, numera långt från den geografiska mittpunkten av området. En gång i tiden tillflyktsort och högkvarter för de lokala motståndsmän som kallades Snapphanar vilka kämpade mot de danska fogdarna (och de flesta andra som råkade vara i närheten för den delen) är Sösdala en ort med ett brokigt förflutet. Det går många historier i trakten om Snapphanarnas dåd. Kyrkogårdarna i Vetteryd, Haglinge och Ljungarum är fulla med gravstenar som vet att berätta vådliga historier om mod och våghalsighet.

Östra Göinge

Det sista området vi skall behandla i denna bok blir Östra Göinge, ett distrikt med många charmfulla städer och byar, envar med sin egen historia att berätta. Den största av dessa orter är Knislinge, som trots att den är störst i östra Göinge endast har ett invånarantal på 3.500 personer. Har du möjlighet att besöka Knislinge så ska du ta dig till Klockaregården — kyrkvaktmästarens hus — och Vänäs slott. I Broby, endast något mindre än Knislinge, ligger östra Göinges administrativa center. Genom Broby flyter Helgeån, Skånes största vattendrag som på sin väg genom landskapet även driver ett flertal stora vattenkraftverk. Öster om Knislinge ligger den lilla byn Immeln, bland annat känt för sitt stenhuggeri. Vackert beläget vid sjön med samma namn är Immeln värt ett besök. Sjön är förresten Skånes tredje sjö storleksmässigt och innehåller en mängd små trädbevuxna öar och är Skånes kanot-centrum. Norr om staden Immeln ligger Sibbhult, som med sina 1.600 invånare växte upp när järnvägen till Kristinastad byggdes på artonhundratalet. Orsaken till att många känner till Sibbhult nu, under 1980-talet, torde vara den att en av Sveriges största tekniska industrier, SAAB Scania, har fabriker där.

Norr om samhället Broby ligger den papperstillverkande orten Östanå, alldeles invid Helgeån. Pappersbruket härstammar från sjuttonhundratalet, och det finns möjlighet att lära sig mer om papperstillverkningen förr och nu med hjälp av ett museum, vackert inhyst i ett korsvirkeshus. I närheten ligger Glimåkra, också det ett industrisamhälle.

Nästa gång du planerar en resa....

Tänk då på Skåne — Sveriges sydligaste landskap och ett paradis för den stora del av turister som väljer att tillbringa sin lediga tid i detta vackra land. Skåne hör tillsammans med Rhendalen i Tyskland, Auvergne och Dordogne i Frankrike och Norges Fjordar till de platser som varje Europé bör besöka. Jag hoppas att du har eller har haft mycket nöje, både av ditt besök i Skåne och av denna bok.

These pages: views of Malmö, Sweden's third largest city. Right: the Copenhagen hydrofoil leaving Kockums shipyard, and (below) trains standing in the the railway shunting yards at Central Station. Facing page: (top) Castle Mill in Castle Park, and (bottom) the moated, 16th-century Malmöhus Castle, which houses the fascinating Municipal Museum. Overleaf: Great Square, the focal point of which is the fine equestrian statue of Charles X.

Detta uppslag: Bilder från Malmö, Sveriges tredje största stad. Höger: Flygbåten lämnar kajen på väg till Köpenhamn. Nedan: Tåg på rangerbangården. Nästa sida: Slottsmöllan i Slottsparken och det vallgravs omgivna 1500-tals slottet Malmöhus där det fascinerande Malmö museum är beläget. Nästa uppslag: Stortorget vars mittpunkt är den ståtliga ryttarstatyn av Karl X.

Facing page top: Fersens Bridge with Kings Park beyond. Remaining pictures: Little Square, bordered by charming 16th- and 18th- century houses. Overleaf: market day in Möllevangs Square, on which stands one of Malmö's most eye-catching pieces of public sculpture (right).

Högst upp på nästa sida syns Fersens bro med Kungsparken i bakgrunden. Övriga bilder visar Lilla Torg som är omgivet av charmiga 1500 och 1700-tals hus. Nästa uppslag: Marknadsdag på Möllevångstorget där en av Malmös mest 'iögonfallande offentliga utsmyckningar finns (höger sida).

In spring, many of Malmö's attractive squares and gathering places (this page) are brightened by colourful flowers. Above: brilliant yellow tulips border elegant Great Square. Facing page: (top) Kockums shipyard, and (bottom) the port office. Overleaf: (left) a village church and (right) an old thatched cottage in the beautiful countryside near Genarp.

På våren är många av Malmös lockande torg och samlingsplatser upplivade av färgrika blommor (denna sida). Ovan: Strålande gula tulpaner omger det eleganta Stortorget. Vänster: Kockums skeppsvarv och därunder hamnkontoret. Nästa uppslag: en typisk landsortskyrka och en gammal stuga med halmtak på den vackra landsbygden nära Genarp.

...se and previous pages: the picturesque resort of Skanör. ...erleaf: rape growing at Alstad, and (following pages) farms ... farmland near Anderslöv.

...ssa och föregående sidor: Den pittoreska sommaridyllen ...anör. Nästa uppslag: Rapsfält vid Alstad och sidorna därefter ...dar och jordbrukslandskap nära Anderslöv.

These and previous pages: the idyllic fishing town of Smygehuk. Overleaf: farmland at Abbekas. Following pages: the spire of St Maria's Church overlooks Little Vaster Street in the medieval city of Ystad.

Dessa och föregående sidor: Det idylliska fiskeläget Smygehuk. Nästa uppslag: De stora slätterna vid Abbekås. Sidorna därefter: Tornspiran reser sig över Lilla Västergatan i den medeltida stad Ystad.

Previous pages: a furrowed field (left) contrasts with the lush, green land that runs down to the seashore (right) at Kaseberga (these pages and overleaf). This lovely fishing village is best known as the site of the ancient stone monument, Ales Stenar.

Föregående sidor: Ett uppöjt fält som kontrasterar mot det gröna frodiga landskapet som når ända ner till stranden vid Kåseberga (dessa sidor och nästa uppslag). Detta underbara fiskeläge är känt som platsen för det förnämliga fornminnesmärket Ales stenar.

Around the village of Kaseberga (above), rich grazing land, utilised to the full by local farmers, provides a perfect setting for the 58 ancient stones of Ales Stener (right, facing page and overleaf). This intriguing circle of standing stones is thought to be a memorial to a great Viking chieftain.

Runt samhället Kåseberga bildar de stora betesmarkerna, vilka fullt utnyttjas av bönderna i trakten, en perfekt miljö för de 58 medeltida granitblocken som bildar Ales stenar (detta och nästa uppslag). Denna fängslande plats av uppresta stenar tros vara ett minnesmärke över en stor vikingahövding.

Previous pages: the coast of Kaseberga. Inland from the lovely s▶
(top) south of Simrishamn is Glimmingehus (above, left and
overleaf), which was built in 1499 and is one of the best-preserv◀
examples of Swedish fortification.

Föregående sidor: Kustremsan vid Kåseberga. Inåt landet från d◀
vackra kusten vid Simrishamn (överst) ligger slottet
Glimmingehus som byggdes år 1499 och är ett av de bäst bevar◀
exemplen på svenska befästningsverk (övriga bilder och nästa
uppslag).

Above and facing page: Svaneholm Castle, and (left and top) its pleasant grounds. Overleaf: fishing boats in the harbour of Simrishamn.

Detta uppslag: Slottet Svaneholm och dess vackra omgivninga Nästa uppslag: Fiskebåtar inne i hamnen i Simrishamn.

Simrishamn (previous pages) and Vik (these pages) are two of the prettiest fishing villages on the east coast.

Simrishamn (förra uppslaget) och Vik (detta uppslag) är två av de vackraste samhällena på Ostkusten.

These pages: views of Kristianstad, picturing (below) the Town Square, (facing page) the interior of Trinity Church (bottom), and (right) old buildings on Västra Storgatan and (bottom right) on Västra Boulevarden. Overleaf: 16th-century Bosjökloster, at Lake Ringsjön.

Detta uppslag: Bilder från Kristianstad; Torget, Trefaldighetskyrkan (längst ner och nästa sida) gamla hus från Västra Storgatan och Västra Boulevarden. Nästa uppslag: 1500-tals slottet Bosjökloster vid Ringsjön.

Until 1658, Scania belonged to the Danes, and it was they who built many of the castles, chateaux and manor houses that have given the province the name of "Chateau Country". Previous pages and facing page bottom: 16th-century Trolle-Ljungby, (right and facing page top) Bosjökloster, a former Benedictine convent, and (above) the Danish-style church at Hagleholm. Overleaf: the grounds of Trolle-Ljungby.

Ända fram till 1658 tillhörde Skåne Danmark och det var den tiden det byggdes så många slott och herresäten att landskapet fick namnet "Slottslandet". Förra uppslaget och nästa sida längst ner: 1500-tals slottet Trolle-Ljungby. Höger och överst nästa sida: Bosjökloster, ett före detta Benediktinerkloster, och ovan den i dansk stil byggda kyrkan vid Hagleholm. Nästa uppslag: Parken runt slottet Trolle-Ljungby.

Dotted along the northern reaches of Scania's west coast are a variety of summer resorts. Of these, Bastad (previous pages) is one of the most fashionable, and annually caters for the rich and famous, while Torekov (these pages), with its tiny, but fascinating, Maritime Museum (right), has the more relaxed and modest atmosphere of a genuine Swedish fishing village.

Utspridda längs Skånes västkust ligger en mängd olika sommarorter. Av dessa är Båstad (förra uppslaget) en av de mest fashionabla och där de rika och berömda roar sig varje år medan Torekov (dessa bilder) med sitt lilla men spännande sjöfartsmuseum (höger) har den mer avspända och anspråkslösa atmosfären från ett äkta svenskt fiskeläge.

Left: Klintehus beach and (bottom) a woodland near Ängleholm (these pages), a charming old city with a wealth of historic houses and a contrastingly modern Town Hall (bottom left).

Vänster: Klintehus strand och ett skogsparti nära Ängelholm där övriga bilder är ifrån. Ängelholm är en charmig liten stad, med en mängd historiska hus och ett i tvär kontrast modernt stadshus (vänster längst ner).

Near the tip of the Kullen peninsula, looking out upon the Kattegat, is the town of Mölle (these and previous pages), a small but very popular resort.

Nära yttersta spetsen på halvön Kullen, med utsikt över Kattegatt, ligger samhället Mölle (dessa sidor och föregående uppslag), en liten men mycket populär semesterort.

Previous pages and these pages: the old fishing village of Viken, which lies on the coastal road between Kullen and Helsingborg and has now become a popular holiday resort. From the fertile soil of Scania, the "granary of Sweden", come a variety of crops, including rape (overleaf). This beautiful, yellow-flowered plant is grown for the oil of its seeds or for its edible tap root.

Föregående uppslag och dess sidor: Det gamla fiskeläget Viken som ligger på kustremsan mellan Kullen och Helsingborg har numera blivit en populär fritids och semesterort. Pa de bördiga jordana i Skåne, "Sveriges kornbod", odlas en mängd olika grödor –bland annat raps (nästa uppslag). Denna vackra växt med sina gula blommer odlas för oljan i fröna.

Previous pages: Maglarps Church, surrounded by the flat, green farmland east of Trelleborg. These pages: a colourful array of boats on the blue waters of Raa, a small fishing village and resort on the Öresund. Further north, at the narrowest part of this vital channel linking the Kattegat with the Baltic Sea, is the fine city of Helsingborg (overleaf).

Föregående sidor: Maglarps kyrka omgiven av den platta gröna slätten öster om Trelleborg. Dessa sidor: En färgrann imponerande samling av båtar i det blåa vattnet vid Råå, ett litet fiskeläge och en semesterort vid Öresund. Längre norr ut, vid den smalaste delen av detta vitala sund som förenar Kattegatt med Östersjön, ligger den vackra staden Helsingborg (nästa uppslag).

For centuries Helsingborg (these pages) was one of Europe's most important cities and, together with the Danish city of Elsinore, lying three miles across the Öresund, controlled all shipping traffic into and out of the Baltic Sea. Left: a view along Stortorget, the long market square, towards the neo-Gothic Town Hall (above) and, on the horizon, Elsinore.

I flera århundraden var Helsingborg (dessa bilder) en av Europas viktigaste städer och tillsammans med den danska staden Helsingör, som ligger på andra sidan sundet, kontrollerar staden all sjöfart in till och ut ifrån Östersjön. Vänster: Utsikt över det avlånga Stortorget ner mot det nygotiska rådhuset (ovan) och borta vid horisonten syns Helsingör.

Facing page bottom: the coastline near Landskrona (remaining pictures), a busy port town with a host of beautiful old buildings including the old water tower (top right), which contrasts with the eye-catching new water tower (right).

Längst ner på nästa sida syns kustlinjen nära staden Landskrona som vi ser på övriga bilder, en livaktig hamnstad med en mängd vackra gamla hus inklusive det gamla vattentornet som står i kontrast till det iögonfallande nya vattentornet (längst ner).

Left: the park in front of famous Lund Cathedral, which houses
remarkable astronomical clock (above and top left). Top and
facing page: Eslov Church.

Vänster: Parken framför den berömda domkyrkan i Lund som h
ett mycket märkligt astronomiskt ur (ovan och överst vänster).
Överst och nästa sida: Eslövs kyrka, några mil längre in in land

The city of Lund (this page), home of such fine buildings as the Grand Hotel (top), is especially noted for its Romanesque cathedral (above). Facing page: a church at Fjelie, near Lund.

Staden Lund (denna sida) har väldigt många fina byggnader men är speciellt känt för sitt universitet och sin domkyrka. Nästa sida: Kyrkan i Fjelie, inte långt från Lund.